KATZEN

Natürlich pflegen und heilen

Dr. Carol Osborne

NEUER

HONOS
VERLAG

Wichtiger Hinweis
Dieses Buch wurde nach dem aktuellen medizinischen Wissensstand sorgfältig
erarbeitet. Dennoch erfolgen alle Angaben ohne Gewähr. Verlag und Autorin
haften nicht für eventuelle Nachteile und Schäden, die aus den im Buch gegebenen
praktischen Hinweisen resultieren. Es sei auch ausdrücklich darauf hingewiesen,
dass die hier empfohlenen Therapien die Untersuchung und Betreuung durch einen
Tierarzt nicht ersetzen.

Erstveröffentlichung 1999 unter dem Titel »Naturally Healthy Cats«
by Marshall Editions Developments Ltd
© 1999 Marshall Editions Developments Ltd, London

© 2000 für die deutsche Ausgabe: NEUER HONOS VERLAG, Köln
Übersetzung und Redaktion: Das Redaktionsbüro, Köln
Satz: ce redaktionsbüro für digitales publizieren, Erkelenz
Gesamtherstellung: NEUER HONOS VERLAG, Köln

INHALT

Einführung

Der Kopf

Das Verdauungssystem

Haut und Haare

Innere Erkrankungen

Verhaltensstörungen

Erste Hilfe

EINFÜHRUNG

Eine hochentwickelte Tiermedizin und die genaue Kenntnis der Körperfunktionen ermöglichen unseren Haustieren ein längeres und gesünderes Leben. Katzen können heutzutage bis zu 20 Jahre alt werden. Sie können Ihrer Katze helfen, ihr längeres Leben zu genießen, indem Sie auf eine gesunde Ernährung sowie auf ihre körperliche Verfassung achten und Ihren Tierarzt bei jeder beginnenden Krankheit zu Rate ziehen. Dieser Ratgeber zeigt Ihnen, wann Ihre Katze tierärztliche Hilfe benötigt und wie Sie sich zu Hause um Ihre kranke Katze kümmern können.

Allmählich setzt sich das Wissen durch, dass Stress und Sorgen auf unsere Haustiere dieselben Auswirkungen haben wie auf uns. Parallel zum Fortschritt der Schulmedizin hat sich auch die ganzheitliche Medizin weiter entwickelt, und die Heilpraktiker kennen eine Reihe von Behandlungsmethoden für Haustiere. Mit diesen sowie mit bekannten Heilpflanzen und nicht zuletzt mit der Homöopathie will dieses Buch Sie vertraut machen. Sie alle können die Krankheitssymptome lindern und Ihrer Katze Erleichterung verschaffen, sie können jedoch den Tierarzt nicht ersetzen. Wenn Sie sich um die Gesundheit Ihrer Katze Sorgen machen, sollten Sie immer Ihren Tierarzt aufsuchen, und zwar so früh wie möglich.

ZU DIESEM RATGEBER

Dieses Buch besteht aus sechs Kapiteln: 1. Der Kopf; 2. Das Verdauungssystem; 3. Haut und Haare; 4. Innere Erkrankungen; 5. Verhaltensstörungen; 6. Erste Hilfe. Die einzelnen Kapitel können anhand der Farblaufleisten schnell und sicher aufgeschlagen werden. Des Weiteren ermöglichen das Inhaltsverzeichnis zu Beginn des Buches sowie ein umfassendes Register (S. 112) einen schnellen und gezielten Zugriff auf einzelne Krankheiten.

TEXT UND ILLUSTRATIONEN

Zu jedem Leiden finden Sie eine Beschreibung des Problems, seine Ursachen und die Behandlungsmöglichkeiten des Tierarztes. Ferner finden Sie ebenfalls zahlreiche Ratschläge, wie Sie Ihrer Katze nicht nur während der Krankheit helfen können, sondern auch, um die Abwehrkräfte zu steigern und Krankheiten zu vermeiden. Anatomische Zeichnungen und Fotografien unterstützen den Text. Dieses Buch soll den Rat Ihres Tierarztes nicht ersetzen, will aber ein größeres Verständnis für die Naturheilkunde bewirken.

DIE WAHL DES TIERARZTES

Bei der Wahl des Tierarztes sollten Sie sich von Ihrem ersten Eindruck leiten lassen. Suchen Sie einen Arzt, dem Sie vertrauen und der ebenfalls günstig gelegen ist. Machen Sie sich auf die Suche, sobald Sie ein Haustier bekommen. Auf diese Weise kann es gründlich untersucht werden, und Impfungen können besprochen werden.

Tierärzte können eine Reihe von Qualifikationen haben, die Sie bei der Auswahl nicht außer Acht lassen sollten. Fragen Sie nach Referenzen und besuchen Sie die Praxis. Eine Praxis in Ihrer Nähe kann das Leben vereinfachen, vor allem in einem Notfall. Wenn Sie berufstätig sind, sind die Sprechstunden natürlich wichtig.

Stellen Sie sicher, dass Ihr Tierarzt all die Leistungen anbieten kann, die benötigt werden könnten: Verpflegung, stationäre Aufnahme, 24-Stunden-Notfalldienst. Vielleicht ist es Ihnen lieber, dass Ihr Haustier immer denselben Arzt sieht, andererseits aber bieten Gemeinschaftspraxen oft Spezialisierungen an, die auch alternative Medizin beinhalten können. Hier kann es auch von Vorteil sein, dass eine größere Zahl von Tierärzten für eine Diagnose zur Verfügung steht. Auf Seite 111 finden Sie einige nützliche Adressen, die Ihnen bei Ihrer Suche helfen können.

SO KÖNNEN SIE IHREM TIERARZT HELFEN

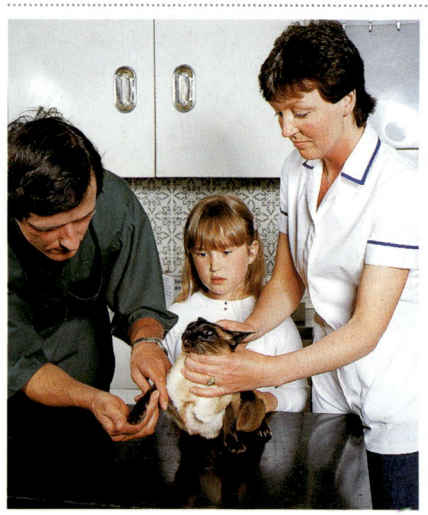

Bei einem Tierarztbesuch kann es leicht geschehen, dass wichtige Zusammenhänge übersehen werden. Machen Sie sich daher vor der Sprechstunde einige Notizen. Diese sollten folgende Aspekte beinhalten:

• Herkunft und Alter Ihrer Katze

• Krankheitssymptome

• Erstes Auftreten der Symptome und bereits aufgetretene ähnliche Erkrankungen

• Medikamente, die Ihre Katze regelmäßig einnimmt

NATURMEDIZIN

Untersuchungen haben gezeigt, dass die Gesundheit durch psychische, physische und emotionale Faktoren beeinflusst wird. Die ganzheitliche Medizin – auch alternative Medizin – berücksichtigt all diese Faktoren. Heilpflanzen, Homöopathie, Akupunktur, Chiropraktik, Blütenessenzen und Heilpraktik sind Teilbereiche der Naturmedizin, die für Haustiere zur Verfügung stehen. Diese Therapien sollen die Schulmedizin nicht ersetzen, können sie aber unterstützen und damit Ihrer Katze helfen.

HEILPFLANZEN

Die Heilpflanzenkunde ist wahrscheinlich die älteste Form der Medizin. Die Kräuter-Immun-Therapie dient der Stärkung des Immunsystems. Da Heilpflanzen auch unerwünschte Nebenwirkungen haben können, sollten Sie immer einen erfahrenen Praktiker konsultieren. Generell gilt, dass nur frische Kräuter verwendet werden sollten. Um ihren Geschmack zu verdecken, können sie zerkleinert und unter das Katzenfutter gemischt werden. Sie können auch zu Salben, Cremes und Infusionen verarbeitet werden.

HOMÖOPATHIE

Nach Ansicht der Homöopathen regt die Einnahme einer Substanz – in extrem verdünnter Form – die derjenigen ähnelt, welche die Krankheitssymptome verursacht, den Körper an, die Krankheit aus eigener Kraft zu bekämpfen. Die verwendeten Arzneien gehören zu den natürlichen Substanzen und werden aus Pflanzen, Mineralien und tierischen Produkten hergestellt. Sie sind sorgsam zu verschiedenen Stärken verdünnt und können den spezifischen Richtlinien entsprechend in unterschiedlichen Potenzen bezogen werden. Für Katzen gibt es Globuli oder Pulver, das mit Milch verrührt werden kann. 10 Minuten vor und nach der Einnahme darf die Katze nicht fressen.

VORSICHT!

Auch natürliche Arzneimittel sind Arzneimittel und sollten mit Vorsicht eingenommen werden. Beachten Sie den Rat Ihres Tierarztes, bevor Sie Ihrer Katze irgendeine Medizin geben. Nur so gehen Sie sicher, dass ihre Erkrankung korrekt diagnostiziert und die beste Behandlung gewählt wurde. Viele bekannte Kräuter können Gegenreaktionen oder Nebenwirkungen verursachen. Ebenso dürfen homöopathische Arzneien nicht in Verbindung mit Akupunktur oder starken Kräutertinkturen eingenommen werden. Arbeiten Sie daher immer gemeinsam – mit Ihrem Tierarzt oder Heilpraktiker.

WEITERE HEILMETHODEN

Bei Katzen ist eine Reihe von zusätzlichen Behandlungsmethoden sinnvoll. Lassen Sie sich von einem in der alternativen Tiermedizin erfahrenen Praktiker beraten.

BLÜTENESSENZEN

Blütenessenzen sind verdünnte Blütenextrakte, die sich zur Behandlung von Verhaltensstörungen, Ängsten, psychischen Störungen und von Stress eignen. Sie unterstützen das Gleichgewicht von mentalem und emotionalem Wohlbefinden. Der britische Physiker Edward Bach entwickelte in den 30-er Jahren 38 verschiedene Blütenessenzen (Bachblüten), von denen jede auf eine spezifische emotionale Verfassung abgestimmt ist. Ihre bekannteste Form sind die Rescue-Notfalltropfen, eine Mischung aus fünf Blütenessenzen, die sich nach physischen oder emotionalen Traumata oder während einer Stresssituation als hilfreich erweist.

AKUPUNKTUR

Eine Therapie, die sich feiner Nadeln bedient, um das Immunsystem zu stärken, den Körper zur Selbstheilung anzuregen und das körperliche Gleichgewicht wieder herzustellen. Gleichzeitig stimuliert sie die Freisetzung der körpereigenen Schmerzstiller, der Endorphine. Bei Haustieren hat sich die Akupunktur bei Knochenerkrankungen, Asthma, chronischen Verdauungsstörungen und Epilepsie als hilfreich erwiesen. Die Akupunktur sollte nie in Verbindung mit einer homöopathischen Behandlung angewendet werden.

CHIROPRAKTIK

Chiropraktische Therapien helfen, Schmerzen zu lindern oder Bewegung und Funktion von Extremitäten nach einem Knochenbruch wieder zu stärken. Sie werden meist in Verbindung mit Akupunktur, Heilpflanzen oder Homöopathie angewendet.

HEILPRAKTIK

Heilpraktiker sehen die Ursache von Krankheiten in Giften, die sich durch schlechte Ernährung und Bewegungsmangel im Körper anreichern. Sie empfehlen eine Behandlung aus ausgewogener Ernährung und Bewegung, kombiniert mit Bädern, Massagen und Sonnenlicht.

DRÜSEN-THERAPIE

Dies sind biologisch aktive Ernährungszusätze, die unter das Futter gemischt werden. Sie enthalten häufig Hormone, z. B. aus der Schilddrüse, und werden gezielt eingesetzt, um die Funktion der Körperdrüsen anzuregen und zu stärken. Korrekt eingenommen, haben sie keine Nebenwirkungen.

DER KOPF

Die oberen Atemwege sind bei Katzen sehr infektionsanfällig. Die Infektionen können sich auf andere Körperteile ausweiten und, vor allem im Brustkorb, zu ernsthaften Erkrankungen führen. Regelmäßige Impfungen – sie sollten während des gesamten Katzenlebens jährlich wiederholt werden – schützen vor gefährlichen Infektionen, etwa vor der als Katzenschnupfen bekannten Rhinitis. Anatomisch sind viele Teile eines Katzenkopfes so miteinander verbunden, dass bei einer auftretenden Erkrankung verschiedene Regionen betroffen sein können. Daher ist es wichtig, dass ein Tierarzt eine Störung bereits frühzeitig diagnostiziert und behandelt. Der Kopf, vor allem die Augen, geben einen deutlichen Hinweis auf die gesamte körperliche Verfassung einer Katze.

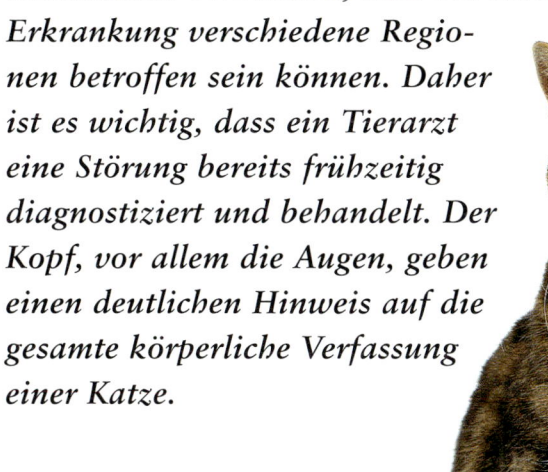

KATZENSCHNUPFEN

Katzenschnupfen wird in der Regel durch Viren hervorgerufen, die die oberen Atemwege angreifen. Eine Lungenentzündung kann die Folge sein. Es handelt sich um sehr ansteckende Viren, die durch den Kontakt von Katze zu Katze, durch Niesen oder Husten übertragen werden. 90 % aller Infektionen der oberen Atemwege gehen auf diese Viren zurück. Selbst die Katzen, die das Glück haben, eine solche Infektion zu überleben, werden nie wieder ganz gesund und leiden für den Rest ihres Lebens immer wieder unter einer stark laufenden Nase. Es ist daher dringend notwendig, Ihre Katze durch Impfungen vor den Infektionen zu schützen, die die typischen Symptome des Katzenschnupfens zeigen. Kätzchen sind am anfälligsten und ohne Schutz bleibt ihnen nur der Tod oder eine lebenslange Schädigung der Atemwege. Bei einer normalen Erkältung erholen sich erwachsene Katzen nach 7–10 Tagen vollständig.

URSACHEN

• Katzenschnupfen ist der allgemeine Terminus für Infektionen der oberen Atemwege. Die beiden bedeutendsten Viren sind der Feline Virus Rhinotracheitis (FVR) und der Feline Calici Virus (FCV). FVR ist gefährlichere.

• Weniger ernste Symptome werden durch Feline Chlamydia verursacht, einer Mikrobe, die in ihrer Struktur zwischen Bakterie und Virus liegt. Sie kann erfolgreich mit Antibiotika behandelt werden.

• Manche Katzen können die Symptome eines Katzenschnupfens zeigen, nachdem sie mit dem Feline Herpes Virus (FHV) infiziert worden sind.

SYMPTOME

• Niesen und tränende Augen
• Nasenausfluss: erst klar, dann dickflüssig
• Fieber
• Appetitlosigkeit, Müdigkeit, Lustlosigkeit
• Erschwerte Atmung
• Geschwüre auf der Zunge und im Maul
• Beginnende Lungenentzündung

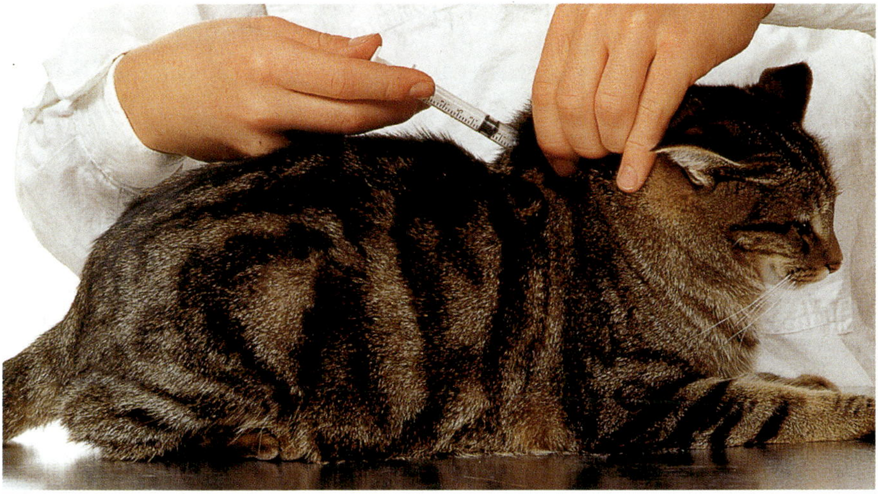

THERAPIE

• Impfungen schützen vor den meisten ernsthaften Erkrankungen, die durch Bakterien oder Viren verursacht werden. Da Kätzchen am anfälligsten sind, sollte man mit den Impfungen bereits ab einem Alter von sechs Wochen beginnen. Die Impfungen erfolgen alle drei bis sieben Wochen, bis das Tier 15 Wochen alt ist, danach einmal jährlich. Die wichtigsten Impfungen sind die gegen Katzenschnupfen, Katzenseuche, Katzenleukämie und Tollwut. Die ersten drei werden meist in einer Spritze verabreicht. Da die genannten Erkrankungen meist tödlich verlaufen, sollten Sie genau auf regelmäßige Impfungen achten.

• Häufig werden Antibiotika verschrieben, um die Gefahr von bakteriellen Sekundärinfektionen zu verringern. Der Tierarzt wird Ihnen erklären, wie sie verabreicht werden, meist jedoch erfolgt die Einnahme oral. Um es Ihrer Katze ein wenig zu erleichtern, ist auch eine gute Krankenpflege wichtig. So wird der Arzt Ihnen empfehlen, die Augen regelmäßig auszuwaschen, damit sie nicht verkleben, und die Nase häufig abzuwischen. Entfernen Sie gebrauchte Taschentücher und Wattebäusche und waschen Sie sich gründlich die Hände.

ALTERNATIVE THERAPIEN

HEILPFLANZEN

Ein wenig Mandelöl mit einem Wattebausch 2- bis 3-mal täglich aufgetragen kann die Nasenatmung erleichtern. Alternative Anwendung: 2 Tropfen Calendula-Tinktur in 25 ml Olivenöl.

HOMÖOPATHIE

Homöopathische Impfstoffe werden aus sterilisierten und verdünnten natürlichen Krankheitserregern gewonnen. Sie werden oral verabreicht und stärken das Immunsystem. Es gibt Impfstoffe gegen Katzenschnupfen, Katzenseuche, Leukämie und FIP. *Kalium bichromicum* C200 führt zu einer Abschwellung der Nasenschleimhäute und sollte über einen Monat lang eingenommen werden.

TRÄNENDE AUGEN

Die Augen Ihrer Katze sollten klar und glänzend sein, ohne jegliche Absonderung. Bei Problemen sollten Sie sofort Ihren Tierarzt aufsuchen – Augen sind sehr empfindlich und eine verschleppte Erkrankung kann zu Sehstörungen führen. Katzen haben drei Augenlider: ein oberes, ein unteres sowie die sogenannte Nickhaut, die am inneren Winkel des Auges beginnt. Sie bewegt sich quer über das Auge wie ein Scheibenwischer. Die Konjunktivitis, die Bindehautentzündung, ist die häufigste Ursache tränender Augen. Sie sowie auch Fremdkörper im Auge können zu vermehrter Tränenflüssigkeit führen.

URSACHEN

• Allergien, die allerdings schwer zu bestimmen sind

• Fremdkörper (Haar, Schmutz u. ä.) im Auge lassen Tränen fließen.

• Ein Sandkorn kann die Augenhornhaut verletzen – oft auch die Folge eines Kampfes.

• Infektionen wie die der oberen Atemwege oder Katzenseuche

• Bei langhaarigen Katzen können in die Augen reichende Haare Entzündungen und Eiterungen auf der Hornhaut verursachen.

• Die kompakte Gesichtsform bei langhaarigen Perserkatzen kann den Tränenkanal beeinträchtigen. Die Tränen-flüssigkeit kann nicht frei abfließen, läuft über das untere Lid und verfärbt das Fell in den Augenwinkeln.

SYMPTOME

• Tränende Augen mit wässrigem Ausfluss
• Rote verkrustete Augen
• Die Nickhaut bedeckt teilweise das Auge.
• Tränen kommen aus der Nase.
• Die Katze reibt mit der Pfote über das entzündete Auge.

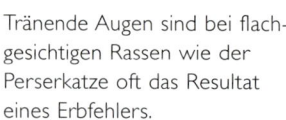
Tränende Augen sind bei flach-gesichtigen Rassen wie der Perserkatze oft das Resultat eines Erbfehlers.

THERAPIE UND SELBSTMASSNAHMEN

• Waschen Sie bei den ersten Anzeichen einer Konjunktivitis die Augen mit einem warmen, feuchten Tuch oder Wattebausch aus, das Sie anschließend wegwerfen. Sie können 3-mal täglich Augentropfen aus Gurkensaft verabreichen. Tränken Sie einen Wattebausch darin und lassen Sie den Saft durch langsames Ausdrücken ins Auge träufeln.

• Der Tierarzt wird nach Anzeichen von Katzenschnupfen suchen.

• Er wird Tropfen oder Salbe verschreiben. Diese sollten mindestens viermal täglich verabreicht werden. Salbe sollte vorsichtig über die Augenoberfläche gestrichen werden. Achten Sie darauf, dass die Tube das Auge nicht berührt. Waschen Sie Ihre Hände nach jeder Behandlung.

• Bei langhaarigen Katzen sollten die Haare um die Augen gekürzt werden.

• Bei einer Hornhautverletzung ermöglicht eine Einfärbung der Augenoberfläche dem Tierarzt, die Schwere der Verletzung abzuschätzen. Bei einer entsprechenden Behandlung heilt sie meistens innerhalb von etwa 3–5 Tagen ab.

ALTERNATIVE THERAPIEN

✄ HEILPFLANZEN

Augentrost-Lösung *(Euphrasia officinalis):* 1 EL in 300 ml Wasser aufkochen, 1/4 TL Meersalz hinzufügen und abseihen. Mit Hilfe eines Wattebausches 3-mal täglich in die Augen geben. Augentrostkraut kann auch in Form von Kapseln gegeben werden: 1-mal täglich, 4 Tage lang.
Geben Sie täglich Knoblauch (eine Zehe oder Kapsel) ins Futter sowie 14 Tage lang 2-mal täglich je 250 mg Vitamin C.

Fertigen Sie eine Augentrost-Lösung gegen Konjunktivitis.

NIESEN

Gelegentliches Niesen ist normal. Auf diese Art reinigt die Katze ihre Nasengänge. Doch wenn das Niesen häufiger auftritt, kann es das Anzeichen einer Infektion sein. Ein klarer, wässriger Ausfluss weist häufig auf Viren oder Allergien hin, während ein dicker, verfärbter Ausfluss eine bakterielle Basis hat. Treten gleichzeitig Appetitlosigkeit und Fieber auf, sollten Sie die Katze zum Tierarzt bringen.

URSACHEN

• Die Infektion der oberen Atemwege ist ein frühes Anzeichen eines Katzenschnupfens oder einer ähnlichen Erkrankung. Ein durch den Feline Virus Rhinotracheitis (FVR) bedingter Katzenschnupfen äußert sich häufiger durch Niesen als bei einer Infektion mit dem Feline Calici Virus (FCV).

• Nicht-infektiöse Ursachen: Eine durch Heu, Gras- oder Wildblumenpollen belastete Umgebung

• Wenn nur ein Nasenloch betroffen

THERAPIE

• Der Tierarzt wird untersuchen, ob eine Infektion zugrunde liegt. Bei einer Atemwegsinfektion werden Antibiotika die Krankheitssymptome lindern, auch wenn sie die Viren nicht bekämpfen können.

• Wenn ein Fremdkörper als Auslöser des Niesens gilt, wird der Tierarzt die Katze betäuben und diesen anschließend aus der Nase entfernen.

SYMPTOME

• Häufiges Niesen
• Kratzen an der Nase
• Depression
• Fieber
• Appetitlosigkeit

Achtung

Atemwegsinfektionen können als Tröpfcheninfektionen leicht übertragen werden. Halten Sie eine kranke Katze also im Haus, um eine Ausweitung der Infektion zu verhindern.

ALTERNATIVE THERAPIEN

HOMÖOPATHIE

Arsenicum album C30, 1–2 Tropfen 1-mal täglich oral; gegen Schniefen und bei dünnem Nasenausfluss.
Silicea C6 oder C30, 3 Tage lang 1-mal täglich, dann 2- bis 3-mal die Woche, um die Schleimhäute abzuschwellen und die Nase zu befreien.

LAUFENDE NASE

Da Augen und Nase eng miteinander verbunden sind, sind die Augen bei einem Katzenschnupfen ebenfalls betroffen; umgekehrt können sie die Ursache einer laufenden Nase sein. Im Anfangsstadium einer durch Viren verursachten Infektion ist der Ausfluss klar, als Folge einer sekundären bakteriellen Infektion wird er allmählich schleimiger.

URSACHEN

• Eine laufende Nase ist oft die Folge von Katzenschnupfen oder einer anderen Infektion.

• Infektionen der Atemwege durch Mycoplasma-Organismen, also Organismen zwischen Viren und Bakterien, verursachen häufig eine Entzündung der Nasengänge mit einer laufenden Nase.

SYMPTOME

- Ständig laufende Nase
- Die Katze fühlt sich unwohl.

Achtung

Auch nach der Genesung können Rückfälle auftreten, die oft durch Stress ausgelöst werden – z. B. durch fremde Personen oder durch einen Kampf.

THERAPIE

• Die Katze benötigt über den Zeitraum von einem Monat ein Vitamin-C-Präparat. Halten Sie die Katze im Haus und vermeiden Sie den Kontakt mit anderen Haustieren, solange die Nase noch läuft.

• Die meisten Nasenerkrankungen sind nicht ernst und verheilen vollständig, dennoch ist es besser, den Tierarzt zu konsultieren. Es kann zu einer bakteriellen Sekundärinfektion kommen, bei der eine antibiotische Behandlung angezeigt ist.

• Gute Krankenpflege unterstützt Ihre Katze bei der Genesung. Bieten Sie ihr viel Flüssigkeit an, damit sie nicht austrocknet. Eine stationäre Versorgung kann in ernsten Fällen notwendig sein, vor allem wenn die Katze den Appetit verliert.

ALTERNATIVE THERAPIEN

HEILPFLANZEN

Ist die Nase durch ständiges Laufen oder unentwegtes Reiben wund geworden, wirkt Mandel- oder Calendula-Öl – vorsichtig auf die betroffenen Stellen aufgetragen – mildernd.
Bei leichtem Ausfluss helfen täglich 2 Kapseln *Echinacea*, geben Sie sie jeweils in Blöcken von 10 Tagen, zwischen denen 10 Tage Pause liegen sollten.

HOMÖOPATHIE

Pulsatilla pratensis (Kuhschelle) C6 oder C30 wird häufig bei Schnupfen angewendet.

OHRENERKRANKUNGEN

Die Ohren einer Katze sind nicht nur für das Gehör wichtig, sondern auch für das Gleichgewicht. Es ist daher wichtig, dass das Ohr Ihrer Katze frei von Parasiten bleibt, die – unbehandelt – zu ernsten Infektionen führen können. Eine Ohrinfektion (Otitis) kann chronisch werden, daher ist eine korrekte Diagnose wichtig, um eine entsprechende Behandlung zu finden und das Risiko einer Neuerkrankung zu vermindern. Taubheit kann erblich sein, speziell bei weißen Katzen. Auch das Alter kann zu Gehörverlust führen.

URSACHEN

• Ohrinfektionen werden häufig durch Ohrmilben wie *Otodectas Cynotis*, Pilze oder Bakterien verursacht. Bakterien und Pilze können gemeinsam zu einer Infektion des Außenohres führen. Bleibt diese unbehandelt, kann sich die Infektion auf das Mittel- und das Innenohr ausweiten. Auch eine Allergie kann zu einer Ablagerung von dunkler oder gelblicher, wachsiger Substanz führen.

• Milben leben in der Regel im Ohrkanal und verbreiten sich schnell bei Hunden und Katzen. Sie verursachen ein Jucken in den Ohren, so dass die Katze sich ständig kratzt.

• Blauäugige weiße Katzen leiden häufig unter einer vererbten Taubheit, hervorgerufen durch eine Fehlbildung des Ohres. Bei verschiedenäugigen weißen Katzen tritt Taubheit auf der Kopfseite des blauen Auges auf.

• Bei weißohrigen Katzen können nach wiederholten Sonnenbränden Tumore auftreten.

• Bei wiederholten Entzündungen des Ohrkanals können Polypen auftreten, die wie Tumore aussehen.

• Schwellungen des Außenohres (Hämatome) können durch einen Biss oder starkes Kopfschütteln verursacht werden.

SYMPTOME

• Kratzen an den Ohren
• Kopfschütteln
• Schräghaltung des Kopfes
• Farblose Substanz in einem oder beiden Ohren
• Mögliche Ohrvergrößerung

THERAPIE

• Bei einer Infektion kann der Tierarzt das Ohr mit einem Ohrenspiegel untersuchen. Milben sind deutlich sichtbar. Aus den Absonderungen des Ohres können Bakterien- oder Pilzkulturen angelegt werden, um so die entsprechende Behandlung gegen Milben oder Infektionen zu finden.

• Bei einem Befall durch Milben, Pilze oder Bakterien wird der Tierarzt empfehlen, zur Reinigung eine Lösung ins Ohr zu spritzen, den Ohrkanal leicht zu massieren und dann das Ohr mit einem Wattebausch auszuwaschen. Die Behandlung mit medizinischen Tropfen, die anschließend leicht in das Ohr einmassiert werden, zieht sich über 7–10 Tage.

• Erbliche Taubheit ist unheilbar. Taube Katzen sollten im Haus gehalten werden – weit weg vom Straßenverkehr.

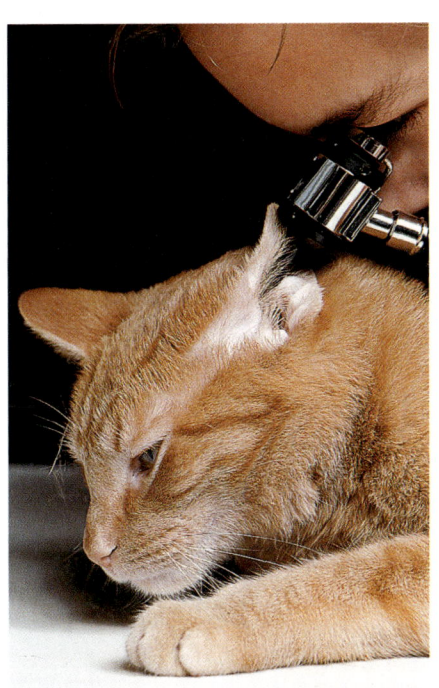

Der Ohrenspiegel macht Milben oder andere Erkrankungen im Ohr sichtbar.

• Bei Tumoren ist ein operativer Eingriff nötig. Hämatome im Ohr müssen chirurgisch entfernt werden, indem man das Blut abfließen lässt. Doch sie können sich erneut bilden. Diese Art von Kampfverletzung taucht vor allem bei unkastrierten Katern auf, so dass eine Kastration angezeigt sein kann.

ALTERNATIVE THERAPIEN

HEILPFLANZEN

Eine Lösung aus 5 ml Calendula, 250 ml Wasser und 1/2 TL Meersalz kann zur Reinigung des Ohres verwendet werden. Calendula-Öl eignet sich ebenfalls zur Beruhigung roter entzündeter Ohren. Geben Sie täglich 2 Tropfen in das entzündete Ohr.

Gegen Ohrmilben:
Krauser Ampfer (Rumex crispus), alle 3 Tage 2 Tropfen, 3–6 Wochen lang.

HOMÖOPATHIE

Pulsatilla C6 – alle 3 Tage ein Kügelchen, 30 Tage lang – hilft gegen schmerzende Ohren. Sepia officinalis C30 – 2-mal täglich 2 ganze oder 3 zerkleinerte Globuli, insgesamt 3 Behandlungen – hilft bei ernsten Kratzern und ständigem Kopfschütteln.

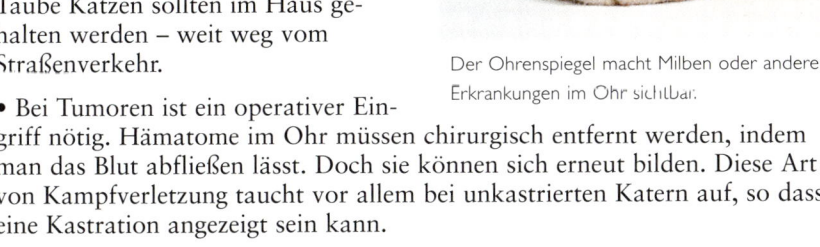

Calendula-Öl lindert Schmerzen bei Außenohr-Infektionen.

ZAHNHYGIENE

Die Zähne sind wichtig für das Wohlbefinden Ihrer Katze und sollten einmal jährlich untersucht werden. Zwar bekommen Katzenzähne keine Löcher, dennoch ist Hygiene wichtig, um Zahnsteinbildung zu verhindern. Durch ihn kann sich das Zahnfleisch zurückziehen und die Katze verliert Zähne. Kätzchen verlieren ihre Milchzähne; seien Sie also nicht entsetzt, wenn Ihr Kätzchen lockere Zähne oder Zahnlücken hat.

POSITIV

- Rosafarbenes Zahnfleisch
- Weiße Zähne
- Problemloses Fressen
- Kein übermäßiger Speichelfluss
- Frischer Atem

THERAPIE UND SELBSTMASSNAHMEN

• Der Tierarzt kann Ihnen zeigen, wie Sie die Zähne Ihrer Katze putzen. Beginnen Sie, wenn Ihre Katze jung ist, denn es ist schwieriger, eine ältere Katze davon zu überzeugen, sich ins Maul fassen zu lassen. Benutzen Sie am Anfang einen Finger. Es gibt spezielle Zahncreme für Katzen, die im Mund nicht schäumt. Flüssige Zahnpflege eignet sich vor allem für Kätzchen. Fangen Sie erst später mit der Bürste an und achten Sie darauf, das Zahnfleisch nicht zu verletzen. Putzen Sie jeden Zahn etwa 30 Sekunden. Es ist nicht nötig, das Maul auszuspülen. Putzen Sie die Zähne täglich, mindestens aber 3-mal die Woche.

• Machen Sie Ihr Kätzchen direkt nach der Entwöhnung damit vertraut, sich ins Maul fassen zu lassen, so können Sie die Zähne putzen und falls nötig Tabletten verabreichen. Halten Sie (wenn Sie Rechtshänder sind) den Kopf mit der linken Hand über dem Nasenrücken fest, ziehen Sie ihn nach oben und drücken Sie mit der rechten Hand den Unterkiefer herunter.

• Eine gute Ernährung kann Mundgeruch, Zahnsteinbildung sowie Entzündungen des Zahnfleisches verhindern (S. 26). Vitaminzugaben stärken die Zähne. Bei Mundgeruch können Sie mit entsprechenden Medikamenten die Magensäure erhöhen.

• Manche Nahrungsmittel, wie knusprige Bierhefetabletten oder rohe geriebene Möhren, entfernen Plaque und reinigen die Zähne.

ALTERNATIVE THERAPIEN

⊠ HEILPFLANZEN

Kräuter-Zahncreme enthält Salbei-Öl, das nicht nur die Zähne reinigt, sondern auch den Atem erfrischt. Sie können die Zähne aber auch mit einer schwachen Kochsalzlösung putzen.

Salbei

ZAHNERKRANKUNGEN

Zahnpflege ist wichtig. Mehr als 80 % aller Katzen über drei Jahren leiden unter Parodontose – eine Erkrankung von Zahnfleisch und Zahnsockel. Ferner führen Zahnfäulebakterien oft zu Leber-, Nieren- und Herzerkrankungen. Jede Art von Zahnerkrankung verursacht Ihrer Katze Schmerzen beim Fressen.

URSACHEN

• Mangelnde Zahnhygiene

• Bakterielle oder durch Viren verursachte Sekundärinfektionen bei Katzen-Aids oder Leukämie

• Chronische Erkrankungen der Nieren oder des Immunsystems verursachen Zahnerkrankungen.

• Kämpfe oder Unfälle können zu abgebrochenen Zähnen führen.

NEGATIV

• Mundgeruch
• Rotes, geschwollenes Zahnfleisch
• Verstärkter Speichelfluss
• Braun verfärbte Zähne
• Zahnfleischbluten
• Schwierigkeiten beim Fressen

THERAPIE

• Bei starkem Zahnstein wird der Tierarzt die Zähne in der Regel unter Narkose mit einem Ultraschallreiniger säubern. In schweren Fällen wird er nach der Operation Antibiotika verschreiben, um eine Infektion zu vermeiden. Ermutigen Sie Ihre Katze, schnell wieder mit dem Fressen zu beginnen.

• Ist ein Zahn nach einem Unfall schwer geschädigt, kann es sein, dass er gezogen werden muss.

• Abszesse müssen mit Antibiotika behandelt und möglicherweise – unter Narkose – geöffnet werden.

ALTERNATIVE THERAPIEN

✿ HEILPFLANZEN

Kräuterlösung gegen entzündetes Zahnfleisch und zur Entfernung von Zahnstein: 60 ml Wasser, eine Prise Salz und 3 Tropfen Myrrhetinktur. 1-mal täglich mit einem Wattestäbchen auf das Zahnfleisch streichen.
Fragaria vesca, nach dem Zähneputzen gegeben, verhindert die Zahnsteinbildung.
Mundspülungen mit Kanadischer Gelb-wurzel *(Hydrastis canadensis)* nach dem Zähneputzen: Geben Sie 1 TL des Wurzelpulvers in 600 ml kochendes Wasser. Abkühlen lassen und mit Hilfe eines Wattebausches über das Zahnfleisch träufeln.

✿ HOMÖOPATHIE

Phosphorus, Sulfur oder *Silicea* können bei langanhaltenden Zahnfleischentzündungen angewendet werden.

MUNDGERUCH

Mundgeruch (Halitosis) ist ein Anzeichen für eine Erkrankung der Zähne oder des Zahnfleischs, vor allem bei älteren Katzen. Plaque hat sich auf den Zähnen gebildet und Futterreste bleiben hängen. Die Folge ist eine Entzündung des Zahnfleischs, die Gingivitis.

URSACHEN

• Die Bildung von Zahnstein (S. 19) ist eine der häufigsten Ursachen der Halitosis.

• Speziell bei langhaarigen Katzen kann ein übermäßiger Speichelfluss – verursacht durch Zahnstein – das Fell um das Maul verfilzen, das unangenehm zu riechen beginnt.

• Durch das Putzen können lockere Haare aus dem Fell zwischen den Zähnen hängen bleiben und dort verfaulen.

• Auch eine chronische Nierenschwäche kann dem Atem einen krankhaften Geruch verleihen. Ein süßlicher Atem ist ein Anzeichen für Diabetes (S. 68). In beiden Fällen sollten Sie Ihre Katze unverzüglich zum Tierarzt bringen.

THERAPIE

• Der Tierarzt muss die genaue Ursache bestimmen. Selbst wenn die Zähne erkrankt sind, kann auch eine Nierenerkrankung vorliegen (S. 72). Eine Zahnreinigung dient der Entfernung des Zahnsteins. Oft hilft eine Umstellung der Ernährung.

ALTERNATIVE THERAPIEN

✤ HEILPFLANZEN
Nach der operativen Zahnreinigung können Sie das Zahnfleisch mit einem Aufguss aus Sonnenhut (Echinacea angustifolia) beruhigen und eine Neubildung des Zahnsteins verhindern: Geben Sie 1 TL Wurzelpulver und 250 ml Wasser in einen Topf. 10 Minuten zugedeckt köcheln. 1 Stunde abkühlen lassen und abseihen. Streichen Sie mit einem getränkten Wattebausch über das Zahnfleisch. 10 Tage lang 2-mal täglich wiederholen.
Achtung: Diese Behandlung kann kurzfristig zu verstärktem Speichelfluss führen.

MUNDGESCHWÜRE

E s gibt zwei Hauptursachen für Mundgeschwüre. Die häufigste ist
der Calici-Virus, der zu den Katzenviren gehört, die die oberen
Atemwege befallen (S. 10). Die Geschwüre erscheinen gegen Ende der
Krankheit. Die andere Ursache von Geschwüren im Maul, auf der
Zunge und manchmal auch auf der Nase ist eine Fehlfunktion des
Immunsystems oder Stress. Meist sind weibliche Katzen über sechs
Jahren betroffen.

URSACHEN

• Schwere Infektion der oberen Atemwege

• Probleme des Immunsystems, durch die das Tier
nicht mit Stress umgehen kann, verursachen die
sogenannten »Nagetiergeschwüre« – eine missver-
ständliche Bezeichnung, die auf die veraltete Ansicht zurückgeht, dass die Infektion durch Mäuse
oder Ratten verursacht worden sei.

THERAPIE

• Ihr Tierarzt wird Antibiotika verschreiben, wenn
eine bakterielle Sekundärinfektion vorliegt.

• Sie können die Ernährung der Katze durch rohe
Leber, Bierhefe oder Vitaminzugaben anreichern.

• Wenn Sie das Futter pürieren und ein wenig aufwärmen, wird Ihre Katze mehr fressen können.

SYMPTOME

• Rote Flecken auf
Zunge oder
Zahnfleisch
• Die Katze hat
Schwierigkeiten beim
Fressen oder stellt es
ganz ein.

ALTERNATIVE THERAPIEN

🔲 HOMÖOPATHIE

Kalium bichromicum C200 kann 6 Wochen
lang 3-mal wöchentlich gegeben werden.

Natrium muriaticum wird bei Mundprob-
lemen wie Gingivitis, Mundgeschwüren
und Mundgeruch angewendet.

Potassium di-
chromate, *die*
Basis von *Kalium
bichromicum*

ASTHMA UND KEUCHEN

Asthma ist eine Atemwegserkrankung, bei der das Immunsystem auf Allergene und Stress überreagiert. Anfälle werden durch akute Atemschwierigkeiten charakterisiert und können ohne sofortige Hilfe tödlich verlaufen. Asthma tritt bei Katzen häufiger auf, seitdem immer mehr Katzen ihr Leben im Haus verbringen und Haushaltsallergene zunehmen. Die Heuschnupfen-Saison kann plötzliche Asthmaanfälle oder starkes Keuchen verursachen, das mit Ende der Jahreszeit von selbst aufhört. Ihr Tierarzt sollte der Ursache jeder Atembeschwerde auf den Grund gehen.

URSACHEN

• Eingeatmete Allergene aller Art wie etwa Pollen

• Hausstaub, Hausmilben oder Haushaltsreiniger

• Wespen- oder Bienenstiche können Asthma-anfälle auslösen.

• Stress ist eine Hauptursache von Asthma.

• Lungenwürmer erreichen die Lunge der Katze durch die Eingeweide von Vögeln oder Fröschen, die die Katze gefangen und gefressen hat. Der Versuch, die Parasiten auszuhusten, klingt wie trockener Asthmahusten.

SYMPTOME

• Aushusten (ähnlich dem Erbrechen von Haaren, aber mit Atembeschwerden)
• Hartes, pfeifendes Geräusch beim Einatmen
• Plötzliche gequälte Atmung
• Maul und Zunge verfärben sich durch den Sauerstoffmangel blau.

DAS ATMUNGSSYSTEM

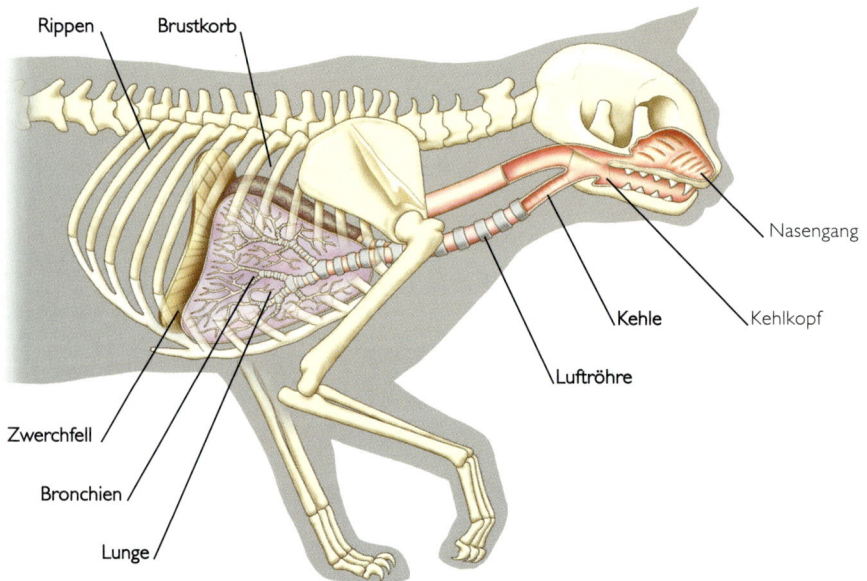

Rippen

Brustkorb

Nasengang

Kehle

Kehlkopf

Luftröhre

Zwerchfell

Bronchien

Lunge

THERAPIE UND SELBSTMASSNAHMEN

• Der Tierarzt wird eine körperliche Untersuchung, Bluttests und möglicherweise ein Röntgenbild der Brust machen, um die exakte Ursache der Atembeschwerden festzustellen.

• Hat die Katze ernsthafte Luftnot, wird Ihr Tierarzt eine Sauerstofftherapie und schnell wirkende Steroide verschreiben.

• Sie selbst können Ihrer Katze zusätzlich zum Futter Vitamin C und E verabreichen, die gegen Asthma hilfreich sind. Geben Sie der Katze mehr Flüssigkeit und ergänzen Sie die Ernährung durch rohes Fleisch, gehackten Kohl, Knoblauch und gekochtes Gemüse.

• Erhöhen Sie die Luftfeuchtigkeit in Ihrer Wohnung. Setzen Sie sich 2-mal täglich mit Ihrer Katze für je 30 Minuten in ein dampfendes Badezimmer. Oder verwenden Sie einen Luftbefeuchter: Geben Sie 5 ml reines Menthol oder 3 Tropfen Eukalyptus-Öl hinzu.

• Entfernen Sie Allergene aus der Umgebung: Benutzen Sie staubfreies, unparfümiertes Katzenstreu; verwenden Sie einen Luftreiniger und vermeiden Sie parfümierte Teppich- oder Waschsprays.

ALTERNATIVE THERAPIEN

Eine Akupunkturbehandlung kann für Katzen mit Asthma sehr hilfreich sein. Reduzieren Sie Infektionen, indem Sie der Katze täglich eine Knoblauchzehe oder -kapsel zum Futter geben.

HOMÖOPATHIE

Gegen allergische Reaktionen kann *Rhus toxicodendron* (Giftsumach) M1 hilfreich sein. Genauer zu lokalisierende Infektionen können mit *Mercurius cyanatus* C30 (Quecksilbercyanid) behandelt werden. *Antimonium tartaricum* C30 (Brechweinstein) bringt Linderung, wenn die Lungen entzündet sind. Die Genesung von Atemwegsinfekten kann durch *Calcarea fluorica* C30 (Calciumfluorid) unterstützt werden.

Knoblauch ist ein gutes Naturheilmittel bei Infektionen im Brustraum.

SINUSITIS

Sinusitis ist bei Hauskatzen selten, tritt aber
umso häufiger bei Siamkatzen und ähnlichen
orientalischen Rassen auf. Sie ist die Folge einer
chronischen Entzündung der Nasennebenhöhlen, der vier luftenthaltenden Höhlen im Gesicht. Wenn die Infektion in diese Höhlen gelangt, kann sie für die Katze sehr schmerzvoll
sein und erschwert ihr das Atmen. Hartnäcki-
ge Infektionen sind weit verbreitet, vor allem
als Folge des Katzenschnupfens. Die üb-

Katze mit sichtbarer Nickhaut

lichen Anzeichen einer Erkrankung sind in der Regel Appetitverlust
und das Sichtbarwerden der Nickhaut am inneren Augenwinkel.

URSACHEN

- Mögliche Spätfolge des Katzenschnupfens
- Pilzinfektion
- Zahnabszess im Oberkiefer
- Langanhaltende Bakterien- oder Virusinfektion
- Nasennebenhöhlenkrebs

SYMPTOME

- Laufende Nase
- Wiederholtes Niesen
- Appetitlosigkeit
- Sichtbare Nickhaut

THERAPIE UND SELBSTMASSNAHMEN

- Nasentropfen aus Kochsalzlösung: Verrühren Sie 1 TL Salz in 250 ml Wasser. Geben Sie 3-mal täglich 2–3 Tropfen in jedes Nasenloch, um die Nasenschleimhäute abzuschwellen. Oder: Eine Mischung aus Mandelöl und Vitamin-
E-Öl zu gleichen Teilen – 3-mal täglich je 1 Tropfen in jedes Nasenloch.

- Eine radikalere Behandlung ist die Spülung der Nasennebenhöhlen mit einer
antibiotischen Flüssigkeit. Hat ein Zahnabszess die Nebenhöhlenentzündung
verursacht, muss der Zahn gezogen werden.

ALTERNATIVE THERAPIEN

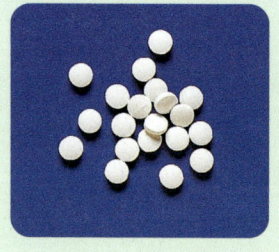

HOMÖOPATHIE

Lemna minor C6 (Wasserlinse) wird häufig zur
Behandlung von Sinusitis empfohlen. In hartnäckigen
Fällen kann *Silicea* C200 (Kieselsäure) hilfreich sein.
Diese Behandlung sollte sich über einen Monat
hinziehen.

Lemna minor

DAS VERDAUUNGS-SYSTEM

Störungen des Magens oder des Darms können bei Katzen die verschiedensten Ursachen haben, wie etwa verdorbenes Futter, Fremdkörper, Infektionen, Haarballen, Parasiten, Allergien oder Organerkrankungen. Erbrechen, Durchfall oder Verstopfung gehören zu den Symptomen von Verdauungsschwierigkeiten. Die meisten Katzen reagieren – frühzeitig behandelt – gut auf eine Umstellung der Ernährung oder auf Medikamente. Langwierigere Erkrankungen erfordern mehr Zeit und Geduld. Eine kranke Katze stellt das Fressen ein, daher ist es wichtig, ihre Fressgewohnheiten und ihre Gesamterscheinung zu beobachten, um Gesundheitsprobleme früh zu erkennen.

GESUNDE ERNÄHRUNG

2

Katzen haben spezielle Anforderungen an ihre Nahrung, die sich in ihrem täglichen Futter wiederfinden müssen. Sie sind Fleischfresser, d. h. sie brauchen in erster Linie Proteine und Fett als Hauptbestandteil ihrer Nahrung. Sie können nicht vegetarisch ernährt werden. Katzen brauchen mindestens zwei regelmäßige Mahlzeiten am Tag. Je nach Alter und Lebensrhythmus der Katze sind sogar mehrere kleinere Mahlzeiten besser. Die meisten Katzenbesitzer ziehen sorgfältig ausgewogenes Fertigfutter der Zubereitung von frischem Futter vor. Fertigfutter sollte auf dem Etikett die Angaben der Zutaten sowie der Altersgruppe, für die das Futter geeignet ist, enthalten.

WAS BRAUCHT DIE KATZE?

• Die wichtigsten Komponenten: 50–60 % rohes Fleisch, 10–15 % gekochtes Gemüse, 10–15 % gekochtes Getreide, 20 % frisches Gemüse, 10 % Fett.

• Essenzielle Aminosäuren sind wichtig für Wachstum und Gesundheit. Taurin kann von der Katze nicht in ausreichender Menge selbst produziert werden, sie muss den Bedarf an dieser Aminosäure aus der Nahrung (tierische Proteine) decken. Ein Mangel kann zur Erblindung führen.

• Katzen benötigen essenzielle Fettsäuren, die sich in pflanzlichen Ölen finden. Ohne sie verliert das Fell seinen Glanz und die Fruchtbarkeit kann beeinträchtigt sein.

• Die Ernährung muss Vitamine und Spurenelemente beinhalten. Dies gilt vor allem für Vitamin A, da Katzen nicht in der Lage sind, Karotin entsprechend umzusetzen.

TIPPS ZUR FÜTTERUNG

• Bieten Sie jede Mahlzeit für etwa 20–30 Minuten an und werfen Sie sie dann weg.
• Naschereien sollten immer gesund sein und nicht mehr als 5 % der täglichen Nahrung ausmachen.
• Bieten Sie verschiedenes Futter an, damit Ihre Katze lernt, Unterschiede zu akzeptieren.
• Geben Sie Ihrer Katze keine Hühnerknochen. Sie splittern leicht und können in der Kehle stecken bleiben.

2

FUTTERARTEN

Katzenfutter kann man in vier Kategorien unterteilen:

• **Dosenfutter** enthält mit etwa 75 % einen hohen Wasseranteil. Ihre Katze nimmt also ausreichend Flüssigkeit auf. Für die Zahnhygiene ist Dosenfutter eher nicht geeignet.

• **Trockenfutter** enthält etwa 10 % Wasser. Es ist praktisch, preiswert und gut für die Zahnhygiene. Sein Nachteil aber ist, dass es nicht so gut schmeckt und auch nicht leicht verdaulich ist.

• **Halbfeucht-Futter** enthält etwa 35 % Wasser und liegt preislich zwischen Dosen- und Trockenfutter. Ein Nachteil ist, dass ein einmal geöffnetes Paket nicht lange haltbar ist.

• **Frischfutter** müssen Sie selbst zubereiten. Die meisten Katzen ziehen dieses Futter vor. Doch die Sicherstellung einer ausgewogenen Ernährung ist eher schwierig. Selbst einem erstklassigen Steak fehlen bestimmte Stoffe, so hat es etwa niedrige Kalziumwerte. Aber gelegentlich ist frisches Fleisch, einschließlich roher Leber, auf jeden Fall empfehlenswert.

Dosenfutter

Trockenfutter

WAS IST ZU VERMEIDEN?

• Überfütterung kann zu Übergewicht führen.

• Immer dasselbe Futter ergibt eine einseitige Ernährung.

• Milch kann bei ausgewachsenen Katzen Durchfall verursachen.

• Schokolade kann allergische Anfälle auslösen.

• Hundefutter ist nicht für Katzen geeignet.

Frischfutter

ERBRECHEN

Gelegentliches Erbrechen, wie z. B. das Herauswürgen von Haarbal-len, ist bei einer ansonsten gesunden Katze kein Grund zur Beun-ruhigung. Anhaltendes Erbrechen allerdings – mit oder ohne andere Anzeichen einer Erkrankung wie Appetitlosigkeit, Depression, Lethar-gie, Durchfall oder Verstopfung – erfordert eine tierärztliche Untersu-chung, um die Ursache zu finden. Erbrechen kann zur Austrocknung führen, so dass Sie der Katze ausreichend Wasser anbieten sollten.

2

SYMPTOME

• Würgen
• Kränkeln
• Gequälter Eindruck

URSACHEN

• Verschlucken von Gras oder kleinen Fremdkör-pern wie Fäden, Spielsachen oder Katzenstreu
• Vergiftung
• Nierenerkrankungen
• Parasiten wie Würmer, vor allem bei Kätzchen

THERAPIE UND SELBSTMASSNAHMEN

• Für 12–24 Stunden keine Fütterung, damit der Magen sich beruhigt. Führen Sie langsam kleine Mengen eines leicht verdaulichen Futters ein. Gehen Sie zum Tierarzt, wenn die Katze erneut erbricht. Wenn nicht, können Sie die Menge langsam steigern. Nach 3–5 Tagen sollte die Katze normal fressen.

• Bei einer Vergiftung ist eine unmittelbare tierärzt-liche Behandlung erforderlich.

• Achten Sie darauf, wann die Katze erbricht und wie das Erbrochene aussieht, um Ihrem Tierarzt eine genaue Beschreibung geben zu können.

• Bei Katzen, deren Erbrechen durch eine chro-nische Nierenerkrankung verursacht wird, kann eine Flüssigkeits- und Elektrolytbehandlung ange-zeigt sein.

ALTERNATIVE THERAPIEN

✠ HEILPFLANZEN

Versuchen Sie, der Katze nach einer Nulldiät von 12–24 Stunden ein wenig Pfefferminztee zu geben. Wenn sie nicht erbricht, bieten Sie ihr etwas leicht ver-dauliches Futter an.

⬚ HOMÖOPATHIE

Arsenicum album C6 beruhigt den auf-gebrachten Magen. Geben Sie es alle 4 Stunden: Bereits nach einem Tag sollte eine Besserung eingetreten sein.
Pulsatilla C6 eignet sich bei Übelkeit und Erbrechen, wenn Ihre Katze zu viel fettes Futter gefressen hat.

HAARBALLEN

Die Bildung von Haarballen ist bei Katzen normal. Größe und Anzahl variieren mit der Länge des Fells, der Putzaktivität, der Jahreszeit – sie treten gehäuft auf, wenn die Katze ihr Fell wechselt. Auch die allgemeine Verfassung und der Flüssigkeitsspiegel spielen eine Rolle. Die meisten Haarballen werden problemlos erbrochen, doch manche können so groß werden, dass sie die Gedärme verstopfen.

NATÜRLICHE VORSORGE

• Tägliches Bürsten, vor allem bei langhaarigen Rassen, entfernt ausgefallene Haare.

• Beobachten Sie, ob sich die Katze etwa unter Stress zu viel putzt, und versuchen Sie, die Stressursachen auszuschalten (S. 94).

• Verfüttern Sie Raufutter, entweder durch Zugabe von gehacktem grünem Gemüse und Kleie oder durch im Handel erhältliche Extranahrung.

• Fügen Sie dem Futter ein natürliches Abführmittel bei, etwa 1 TL pürierte Pflaumen.

• Sorgen Sie mit Spielen oder mit Spaziergängen an der Leine für mehr Bewegung.

SYMPTOME

• Appetitmangel
• Gelegentliches Würgen
• Verstopfung

2

THERAPIE UND SELBSTMASSNAHMEN

• Hat sich ein großer Ballen geformt, geben Sie 5 Tage lang täglich je 1 TL Butter zum Katzenfutter.

• Möglicherweise muss Ihr Tierarzt operieren, um die Verstopfung im Magen zu entfernen, doch ist dies in der Regel die letzte Möglichkeit, nachdem andere Mittel versagt haben.

ALTERNATIVE THERAPIEN

HOMÖOPATHIE
Nux vomica (Brechnuss) kann hilfreich sein, um Haarballen zu bewegen.

ERNÄHRUNG
Die Zugabe von Raufutter reduziert das Risiko einer erneuten Bildung von Haarballen. Eine rohe Möhre fein zerhacken oder reiben und gut unter das

Dosenfutter mischen. Alfalfasprossen gelten ebenfalls als gutes Raufutter. Geben Sie täglich eine Prise zum Katzenfutter. Beides dient der Genesung des Verdauungstrakts.

FUTTERVERWEIGERUNG

Katzen sind gute Esser. Sie sollten nicht beunruhigt sein, wenn Ihre Katze gelegentlich eine Mahlzeit verweigert. Doch wenn sie mehr als zwei Tage nichts frisst, sollten Sie Ihren Tierarzt aufsuchen. Eine mangelnde Verdauungstätigkeit kann eine Leberlipidose (Fettleber-erkrankung, S. 70) verursachen, durch die sich Fett in den Leberzellen ansammelt. Dies wiederum führt zu einem weiteren Appetitverlust, der die Krankheit verstärkt.

2

URSACHEN

• Lärm kann das Problem sein. Versuchen Sie, Ihrer Katze das Futter in einer ruhigeren Ecke anzubieten, in der sie ungestört fressen kann.

• Oft verweigern Katzen eine neue Futtersorte, die ihnen nicht vertraut ist – manchmal bereits bei einer anderen Marke. Die meisten Probleme treten jedoch auf, wenn Sie versuchen, von Dosen- auf Trockenfutter umzustellen.

<table>
<tr><td>SYMPTOME</td></tr>
<tr><td>• Fressunlust für mehr als 2–3 Tage.</td></tr>
</table>

• Angst kann einer Katze den Appetit verderben. Gewitter sind bei nervösen Katzen eine häufige Ursache für Appetitlosigkeit.

• Bevorstehende oder schon ausgebrochene Krankheiten führen zu Appetitverlust.

THERAPIE UND SELBSTMASSNAHMEN

• Versuchen Sie, den Appetit der Katze durch leicht aufgewärmtes Futter anzuregen. Bieten Sie Ihr intensiv riechendes Futter an, z. B. Fisch. Reden Sie Ihrer Katze gut zu und bieten Sie ihr das Futter von Ihrer Hand an. Die Aufmerksamkeit kann den Appetit anregen.

• Der Tierarzt wird versuchen, die Ursache der Appetitlosigkeit zu finden.

• Es kann notwendig sein, der Katze mit Injektionen unter die Haut Flüssigkeit zuzuführen.

• Als letzte Möglichkeit kann der Tierarzt der Katze Infusionen verabreichen, um die Nahrungsaufnahme zu sichern.

ALTERNATIVE THERAPIEN

⚡ ERNÄHRUNG
Vitamin-B$_{12}$-Spritzen können manchmal den Appetit einer Katze anregen.

Hilfreich ist auch eine Mischung aus Honig und Yoghurt sowie die wöchentliche Fütterung von 125 g roher Leber.

FELINE PERITONITIS

Die Feline Infektiöse Peritonitis ist eine durch Viren verursachte Entzündung des Bauchfells sowie angrenzender Organe. Sie wird durch das eigene Immunsystem der Katze verstärkt, das den Fortschritt der Krankheit beschleunigt. FIP tritt in zwei Formen auf: nass und trocken. Katzen zwischen sechs Monaten und zwei Jahren sind am anfälligsten, doch auch ältere Katzen können erkranken. Ebenso tritt sie häufiger bei reinrassigen Katzen sowie dort, wo mehrere Katzen gemeinsam leben, auf. Sind die Symptome einmal aufgetreten, gibt es keine effektive Behandlung oder Heilung. FIP verläuft immer tödlich.

2

URSACHEN

• FIP wird durch einen Virus verursacht, der über Speichel, Urin und Kot übertragen wird. Die Erstinfektion erfolgt über Maul und Nase. Der Virus kann bis zu sieben Wochen in der Umgebung der Katze überleben, kann aber durch Desinfektionsmittel getötet werden. Es gibt unterschiedliche Inkubationszeiten. Die Zeitspanne zwischen dem ersten Kontakt mit dem Virus und dem Ausbruch der Krankheit kann mehrere Monate bis mehrere Jahre betragen.

• 50 % der Katzen mit FIP leiden gleichzeitig unter einer Leukose.

• Die erkrankte Katze muss wegen der Ansteckungsgefahr isoliert werden.

SYMPTOME

• Bauchraum-Schwellung
• Fieber, Gewichtsverlust

THERAPIE

• Es gibt keinen verlässlichen Bluttest. Die Diagnose kann nur durch eine Leberbiopsie gestellt werden, die auch auf andere Krankheiten hinweisen kann.

• Eine Impfung ist möglich, bietet aber keinen absoluten Schutz.

• Es gibt keine heilende Behandlung. Zwar kann das Immunsystem angekurbelt werden, doch die einzige mögliche Behandlung zielt auf Linderung der Symptome.

ALTERNATIVE THERAPIEN

▨ HOMÖOPATHIE

Eine homöopathische Impfung ist ab einem Alter von 16 Wochen möglich. *Mercurius sulfuricus* C6 (Quecksilbersulfid), 30 Tage lang ein Kügelchen täglich, kann die Wasseransammlung in der Brust vermindern.
Arsenicum album C6 (gleiche Dosis wie

oben) hilft gegen Angstgefühle.

▨ BACHBLÜTEN

Rescue-Notfalltropfen können die quälenden Symptome lindern.

Rescue-Notfalltropfen sind als fertige Mischung erhältlich.

ÜBERGEWICHT

2

Klinisch übergewichtig sind 25 % aller Katzen. Übergewicht sollte man Ernst nehmen, denn es verkürzt die Lebenserwartung der Katze und macht sie anfälliger für Herzerkrankungen, Diabetes, Arthritis und Erkrankungen der unteren Harnwege. Eine Katze sollte zwischen 2,7 kg und 8 kg wiegen. Es sollte eine erkennbare Taille zwischen Brust und Bauch geben. Katzen lagern Fett in der Leistengegend ein, so dass ein apfelrunder Bauch reines Fett beinhaltet. Die regelmäßige Überprüfung des Gewichts ist ein wichtiger Teil der Katzenpflege, da Gewichtsverlust oder -zunahme bedeutende Indikatoren dafür sind, dass etwas nicht in Ordnung ist. Einer Katze beim Abnehmen zu helfen, kann schwierig sein; wenn ihr das Futterangebot nicht gefällt, geht sie woanders hin und frisst dort.

URSACHEN

- Überfütterung
- Bewegungsmangel
- Stoffwechselstörungen

SYMPTOME

- Gewichtszunahme
- Abnahme der Aktivität

THERAPIE UND SELBSTMASSNAHMEN

- Zunächst wird Ihr Tierarzt überprüfen, ob die Gewichtszunahme nicht durch eine organische Störung, wie Schilddrüsenunterfunktion, Herzerkrankungen, Diabetes oder Lebererkrankungen, verursacht wurde.

- Im Handel gibt es spezielles Diätfutter. Die Hauptkomponenten sind viele Proteine und Ballaststoffe sowie wenig Fett. Setzen Sie sich zunächst höchstens 15 % Gewichtsabnahme zum Ziel und führen Sie Buch über das Gewicht.

- Erhöhen Sie die Mahlzeiten auf 6 pro Tag. Das häufige Fressen regt den Stoffwechsel an und mehr Kalorien werden verbrannt.

- Verfüttern Sie keine Tischreste. Naschereien müssen unter 5 % des täglichen Futters liegen. Bieten Sie ihr Spargelspitzen, Möhren, ungesalzenes Popcorn oder Äpfel an.

• Geben Sie mehr Raufutter zur täglichen Nahrung. Es füllt den Magen.

• Versuchen Sie, Ihre Katze zu mehr Bewegung zu überreden – Spaziergänge an der Leine oder Spiele. Mit Naschereien gefüllte Kugeln können Ihre Katze zum Spielen anregen. Planen Sie 2-mal 10 Minuten am Tag ein.

• Wenn die Katze ihr Idealgewicht erreicht, können Sie zu einem normalen leichten Futter übergehen. Beobachten Sie in den folgenden 8 Wochen sorgsam ihr Gewicht. Wiegen Sie sie weiterhin für 6 Monate einmal monatlich und dann 4-mal im Jahr.

WIE WIEGEN SIE IHRE KATZE?

Vielleicht sind Sie in der Lage, Ihre Katze zu überreden, auf die Waage zu steigen, doch kann dies auch unmöglich sein. Es ist leichter, wenn Sie Ihre Katze auf den Arm nehmen und sich gemeinsam auf die Waage stellen. Danach wiegen Sie sich alleine und ziehen Ihr Gewicht vom Gesamtgewicht ab.

GEWICHTSZUNAHME UND

KASTRATION

Es bringt eine Reihe von Vorteilen, wenn Sie Ihre Katze kastrieren oder sterilisieren lassen. Bei Katzen ersparen Sie sich u. a. unerwünschten Nachwuchs, und bei Katern setzen Sie einen Schlusspunkt unter die wiederholten Kämpfe, die zu Verletzungen führen können. Doch die damit einhergehenden hormonellen Veränderungen beeinflussen nicht nur die Sexualität, sondern auch den Stoffwechsel, und die Katzen werden schneller übergewichtig. Sie können ihnen dann weniger Futter anbieten.

ALTERNATIVE THERAPIEN

◆ HEILPFLANZEN
Mischen Sie 1 TL Seetangpulver (Kelp) unter das Katzenfutter, um einen langsamen Stoffwechsel zu beschleunigen.

◆ ERNÄHRUNG
Vermeiden Sie Extraleckereien und reichern Sie das Katzenfutter durch kalorienarmes Raufutter an (Kleie, fein gehackte oder geriebene Möhren, Äpfel).

◆ HOMÖOPATHIE
Graphites wird bei Übergewicht eingesetzt, weil es dem Körper hilft, Nährstoffe aufzunehmen.

Seetangpulver

DURCHFALL

Durchfall kann eine natürliche Reaktion des Körpers sein, um mit der Nahrung aufgenommene fremde oder giftige Substanzen auszustoßen. Die Katze wird einige flüssige oder weiche Stühle ausscheiden. Doch wenn Durchfall ungewöhnlich häufig auftritt, sehr flüssig ist oder länger als 24 Stunden anhält, sollten Sie Ihre Katze zum Tierarzt bringen. Er kann ein Symptom einer ernsteren Erkrankung sein und zur Austrocknung führen, wenn er nicht schnell behandelt wird.

2

URSACHEN

• Durch Viren oder Bakterien verursachte Infektion

• Innere Parasiten, z. B. Würmer, vor allem bei Kätzchen

• Futterallergie – Ihre Katze kann beispielsweise eine Milchallergie haben.

• Stress, Veränderungen oder Nahrungsumstellungen

• Durchfall kann ein Begleitsymptom einer ernsten Erkrankung, vor allem von Leber und Bauchspeicheldrüse, oder einer Immunerkrankung wie Feline Infektiöse Peritonitis (S. 31) sein. Dadurch kann es zu chronischem Durchfall kommen, der für Kätzchen tödlich verlaufen kann.

SYMPTOME

• Flüssiger Kot
• Gespannte Bauchdecke
• Magenschmerzen

SELBSTMASSNAHMEN

• Füttern Sie bei leichtem Durchfall nur fettarme und leicht verdauliche Nahrung, und zwar in 4 kleinen Mahlzeiten pro Tag. Verarbeiten Sie magere Proteine, wie Geflügel, Lamm oder Fisch. Versuchen Sie es mit der folgenden Diät:
1. Tag: Setzen Sie das Futter für 12–24 Stunden aus, aber stellen Sie sicher, dass die Katze ausreichend Flüssigkeit bekommt.
2. Tag: Beginnen Sie mit kleinen Mengen eines leichten Futters – Hühnerbrühe oder pürierter Hühnerbrei.
3. Tag: Fügen Sie Gemüse hinzu. Es nimmt die Flüssigkeit aus dem Stuhl auf und festigt ihn.
4. Tag: Fügen Sie als Getreidequelle gekochten weißen Reis hinzu.
5. Tag: Verwenden Sie anstelle des weißen Reises gekochten Naturreis.
6. Tag: Führen Sie langsam das normale Futter wieder ein, indem Sie 3 Tage lang je 1/4 Portion unter die Schonkost mischen.

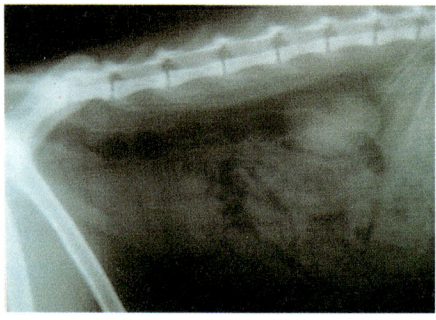

Eine Röntgenuntersuchung des Magens kann nötig sein, um Fremdkörper zu finden.

THERAPIE

• Der Tierarzt wird wissen wollen, seit wann und wie oft der Durchfall auftritt, und die Katze eingehend untersuchen.

• Der Kot muss auf Würmer untersucht werden, die vor allem bei Kätzchen häufig sind.

• Wenn die Katze ausgetrocknet ist, muss ihr Flüssigkeit zugeführt werden. Dies erfolgt durch Injektionen in die Vene oder unter die Haut.

• Der Tierarzt kann das Blut auch auf organische Erkrankungen oder Infektionen untersuchen.

2

• Wenn Sie oder Ihr Tierarzt vermuten, dass die Katze etwas verschluckt hat, das nun den Durchfall verursacht, wird er eine Röntgen- oder Ultraschalluntersuchung vornehmen. Dadurch kann auch ein Krebsgeschwür entdeckt werden.

Eine Katze trocknet bei Durchfall schnell aus. Bieten Sie ihr daher ausreichend Wasser an.

ALTERNATIVE THERAPIEN

⬚ HOMÖOPATHIE
Natrium muriaticum X6 oder *Podophyllum peltatum* C6, 3-mal je ein Kügelchen alle 4 Stunden.

⬚ HEILPFLANZEN
Flatterulme (Pulver) eignet sich gut gegen Durchfall. Geben Sie 1 TL in 250 ml kaltes Wasser, aufkochen und 3 Minuten ziehen, abkühlen lassen. 2,5–5 ml alle 4 Stunden.

⬚ ERNÄHRUNG
Naturjoghurt kann hilfreich sein, wenn Ihre Katze bereit ist, ihn zu fressen.

Naturjoghurt

VERSTOPFUNG

Bei einem seltenen Stuhl oder der Unfähigkeit, Stuhl auszuscheiden, spricht man von Verstopfung. Häufig wird sie begleitet von Zeichen der Spannung und des Unwohlseins. Verstopfung kann auch ein Symptom für eine ernsthafte Erkrankung der unteren Harnwege sein. Bei Verstopfung wird die Katze häufig die Katzentoilette aufsuchen und pressen.

URSACHEN

• Ballaststoffarme Ernährung

• Austrocknung kann zu Verstopfung führen, da das Wasser vom Dickdarm wieder aufgenommen wird und in der Folge den Durchgang des Stuhls erschwert.

• Die Katze hat etwas gefressen, was sie nicht sollte, z. B. Katzenstreu oder Wolle.

• Wenn ein Fremdkörper – bei einer Katze meist Knochen – in den Darm gerät, kann Verstopfung die Folge sein. Verschluckte Hühnerknochen sind besonders gefährlich.

• Haarballen können in den Darm gelangen und Verstopfung verursachen.

• Eine Verstopfung kann das Anzeichen bestimmter Störungen sein wie Organerkrankungen, Tumore, Nervenerkrankungen oder Skelettveränderungen nach Unfällen.

• Bewegungsmangel und Übergewicht können für die Verstopfung verantwortlich sein.

SYMPTOME

• Pressen
• Unfähigkeit, Stuhl
  auszuscheiden

THERAPIE UND SELBSTMASSNAHMEN

• Sie können den Ballaststoffgehalt in der Nahrung durch frisches Gemüse erhöhen. Stellen Sie das Katzenfutter allmählich um, bis das Raufutter 10 % ausmacht. Mischen Sie rohes Fleisch unter, es dient als natürliches Abführmittel. Bieten Sie reichlich Flüssigkeit an. Es eignen sich Wasser, Gemüse- oder Fruchtsaft, in diesem Fall auch ein wenig Milch.

• Ist der Stuhl trocken, geben Sie 2-mal täglich 1 EL Kleie zu den Mahlzeiten. So behält der Kot seine Feuchtigkeit.

• Achten Sie darauf, dass die Katzentoilette immer sauber und frisch ist. Katzen verweigern verschmutzte Toiletten.

2

• Sorgen Sie durch Spiele und Spaziergänge für mehr Bewegung. Bürsten Sie vor allem langhaarige Katzen regelmäßig. Verschluckte Haare im Darm können Verstopfung verursachen.

• Ihr Tierarzt wird die Krankengeschichte prüfen, das Tier untersuchen und Stuhlproben nehmen. Er kann auch einen Bluttest machen, um eine Nierenerkrankung auszuschließen.

• Wenn die Katze ausgetrocknet ist, muss ihr in ernsten Fällen in der Praxis Flüssigkeit zugeführt werden.

• Der Tierarzt kann auch Röntgenuntersuchungen vornehmen, um Tumore oder Brüche festzustellen. Ein Röntgenbild zeigt auch Katzenstreu oder andere Fremdkörper im Darm.

ALTERNATIVE THERAPIEN

⊞ HEILPFLANZEN

Olivenöl kann zu einer Entleerung des Darmes führen. Beträufeln Sie 2 Mahlzeiten am Tag mit je 5 ml, um die Situation zu entspannen.
Auch Knoblauch hilft, Verstopfung zu vermeiden, und die meisten Katzen fressen es gerne. Eine halbe Zehe fein hacken und 1-mal täglich unter das Katzenfutter mischen.

⊡ HOMÖOPATHIE

Bei schwerer Verstopfung kann die Anwendung von *Sepia* C30 hilfreich sein. Es wird aus der getrockneten Tinte des Tintenfisches hergestellt. Die Behandlung kann aus einer einzigen Gabe bestehen.

FUTTERALLERGIEN

2

Eine Futterallergie ist eine anormale Reaktion auf bestimmte Inhalts-stoffe in der Nahrung. Meist handelt es sich um eine Eiweißaller-gie. Etwa ein Drittel aller allergischen Reaktionen werden durch die Nahrung ausgelöst, wie beispielsweise durch Kuhmilch, die eine ausge-wachsene Katze kaum benötigt. Es ist wichtig herauszufinden, was die Allergie auslöst. Futterallergien können ein Leben lang anhalten und quälend sein, wenn sie nicht behandelt werden.

URSACHE

• Rindfleisch, Molkereiprodukte wie Milch und Käse, Eier, Fisch, Huhn, Getreide wie Weizen und Hafer, Tofu sowie Leckereien und aromatisierte Vitamine zählen zu den bekanntesten Allergenen.

SELBSTMASSNAHMEN

Eine Ausschließungsdiät ist die einzige Möglich-keit, um ein unverträgliches Allergen zu erkennen:

• Beginnen Sie mit einem vollkommen neuen Futter. Wenn die Katze beispielsweise nie Lamm gefressen hat, geben Sie Ihr nun ausschließlich püriertes Lammfleisch, und zwar 12 Wochen lang.

• Fügen Sie dann alle 5–7 Tage je ein Nahrungs-mittel hinzu, dass Sie auch zuvor gefüttert haben, bis die Allergie wieder auftritt. Führen Sie darüber Buch, was und wann Sie es verfüttert haben. So erkennen Sie schnell, welcher Bestandteil die Überreaktion auslöst.

• Benutzen Sie immer destilliertes oder abgekochtes Wasser und lagern Sie es kühl.

• Steigen Sie auf rohes Fleisch um, denn es verursacht weniger allergische Reaktionen als gekochtes Fleisch.

• Haben Sie das unverträgliche Allergen einmal herausgefunden, wissen Sie, was nicht auf der Zutatenliste bei gekauftem Futter stehen darf.

SYMPTOME

• Blasenentzündungen, wie z. B. Zystitis
• Verdauungsprobleme, Erbrechen und/oder Durchfall
• Starkes Jucken kann auf der Haut Schorf verursachen, der an eine Flohallergie erinnert.

ALTERNATIVE THERAPIEN

⊠ HEILPFLANZEN

Vitamin-C-Tabletten lindern die Symptome, da eine hohe Dosierung dieses Vitamins als ein natürliches

Antihistamin fungiert. Es vermindert die Körperreaktion auf ein Allergen. 4-mal täglich je 50 mg können hilfreich sein.

HAUT UND HAARE

Die Haut ist das größte Organ des Körpers und dient als Schutzbarriere gegen Kälte, Sonnenbrand und Infektionen. Der Zustand von Haut und Haaren ist ein guter Indikator für die körperliche Verfassung der Katze. Ein schlechter Zustand zeigt in der Regel an, dass etwas nicht stimmt. Dabei kann es sich entweder um ein primäres Hautproblem handeln, wie z. B. Flöhe, oder um ein sekundäres Symptom einer ernsteren Erkrankung, wie beispielsweise einer Schilddrüsenüberfunktion. Ein stumpfes Fell, eine fleckige Haut oder ein unangenehmer Fellgeruch sind Signale, die jeden Katzenbesitzer alarmieren sollten. Die meisten Katzen putzen sich selbst, doch wenn auch Sie Ihre Katze regelmäßig bürsten, bemerken Sie frühzeitig jede Veränderung.

FELLPFLEGE

Regelmäßiges Bürsten unterstützt die Gesundheit der Katze: Es vermindert Haarballen und verfilzte Stellen, entfernt abgestorbene Haut und macht den Flöhen das Leben schwer. Katzen genießen es in der Regel, gebürstet zu werden; zudem verstärkt es die Bindung zwischen Ihnen und Ihrer Katze. Langhaarige Katzen bekommen ohne Ihre Hilfe schnell verfilztes Fell. In der Regel ist es das Zeichen einer Erkrankung, wenn eine Katze aufhört, sich selbst zu putzen.

3

Metallbürsten eignen sich bei Kurz-haarkatzen gut zur Entfernung abgestorbener Hautschuppen.

TIPPS ZUM BÜRSTEN

• Benutzen Sie nur geeignete Bürsten. Beginnen Sie mit einem Kamm und nehmen Sie dann eine Bürste mit beweglichen Metall- oder Naturborsten.

• Wenn sich Ihre Katze sträubt, versuchen Sie es mit einem Bürsthandschuh, der mit kleinen Plastik- oder Gumminoppen versehen ist. Die Katze wird es für einfaches Streicheln halten.

• Wie oft und wie lange die Katze gebürstet wird, hängt von der Länge und der Art des Fells ab sowie von ihrem Lebensstil, das heißt, ob sie sich meist im Haus oder draußen aufhält.

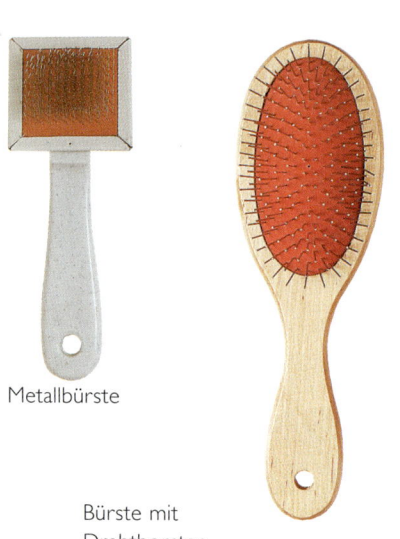

Metallbürste

Bürste mit
Drahtborsten

Bürste mit weichen
Nylonborsten

Flohkamm

• Katzenfell ist entweder lang oder kurz, einfach oder doppelt. Kurzhaarkatzen mit einfachem Fell brauchen in der Regel nur einmal im Monat gebürstet zu werden. Benutzen Sie eine Metallbürste und bürsten Sie mit dem Strich.

• Katzen mit gelocktem Fell sollten weder gekämmt noch gebürstet, sondern einmal im Monat gebadet werden.

• Langhaarige Katzen benötigen tägliche Pflege. Bürsten Sie das Fell in alle Richtungen, um Verfilzungen zu vermeiden und so viele lockere Haare wie möglich zu entfernen. Bürsten Sie das Fell zunächst gegen den Strich, um es aufzurichten, dann kämmen Sie es zurück. Dieses Verfahren dient vor allem der Pflege des dichten Unterfells, das bei kurzhaarigen Katzen weniger ausgeprägt ist.

• Am Ende kämmen Sie die Katze mit einem feinzinkigen Flohkamm.

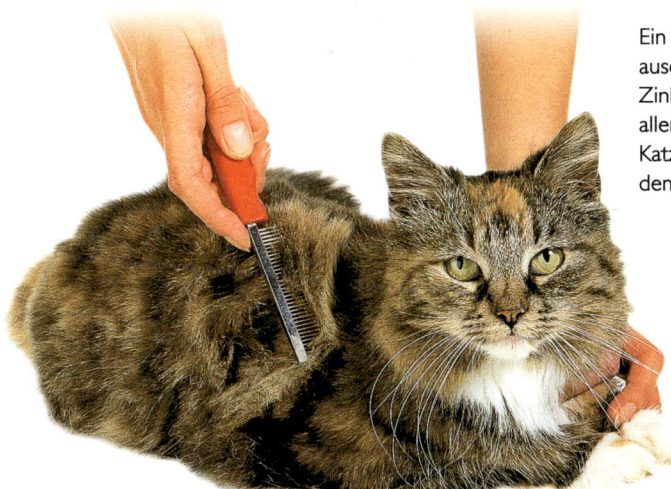

Ein Kamm mit weit auseinander liegenden Zinken eignet sich vor allem für langhaarige Katzen, da er nicht an dem Fell zieht.

3

DAS KATZENBAD

• Bereiten Sie zunächst alles vor, einschließlich des Wassers, das lauwarm sein sollte. Legen Sie eine Gummimatte auf den Boden der Wanne, damit die Katze nicht ausrutscht. Benutzen Sie ein Shampoo-Spray.

• Schützen Sie sich für den Fall, dass Ihre Katze nervös wird, mit langen Ärmeln und extralangen Gummihandschuhen vor Nässe, Kratzern und Bissen.

• Schneiden Sie zunächst verfilzte Stellen aus dem Fell. Dies ist schwieriger, wenn die Katze bereits nass ist. Schützen Sie die Ohren mit Wattebäuschen.

• Sie können die Katze in ein Geschirr stecken und das Ende irgendwo befestigen. Machen Sie vorsichtig das Fell nass, achten Sie aber darauf, dass der Kopf trocken bleibt. Massieren Sie nun das Shampoo ein.

• Waschen Sie das Shampoo vollständig aus, wickeln Sie die Katze in ein Handtuch ein und rubbeln Sie sie trocken. Wenn Ihre Katze sich nicht daran stört, können Sie sie mit einem Fön trocknen, allerdings auf niedriger Stufe. Lassen Sie die Katze nicht nach draußen, bis ihr Fell vollständig getrocknet ist.

JUCKREIZ

Gelegentlicher Juckreiz, bei dem die Katze sich kurz kratzt, ist kein Grund zur Beunruhigung. Wenn Ihre Katze sich aber wiederholt kratzt, vor allem an derselben Körperstelle, sollten Sie den Grund herausfinden, damit das Tier behandelt werden kann, bevor der Schaden zu groß wird.

SYMPTOME

- Wiederholtes Kratzen oder Reiben an einer einzelnen Körperstelle oder überall
- Haarausfall
- Rote Pusteln oder Bläschen
- Gerötete, fleckige und schorfige Haut

URSACHEN

- Allergische Reaktionen auf Pollen, Staub, Flöhe
- Bakterielle Sekundärinfektionen, z. B. als Folge von Flohbissen
- Pilzinfektion
- Trockene Haut
- Insektenstich
- Parasiten wie Milben oder Läuse

THERAPIE UND SELBSTMASSNAHMEN

- Sie können die Katze mit einem Allergiker-Shampoo baden. Alternative: trockenes Kleiebad (S. 56).

- Bereiten Sie eine Lotion aus 5 ml Babyöl und 5 l Wasser und massieren Sie sie nach dem Bad in die Haut ein. Sie können die Katze auch mehrmals wöchentlich mithilfe einer feinen Düse nass sprühen. Lassen Sie die Lotion an der Luft trocknen.

- Ernährung: Zusätzliche Fettsäuren lindern den Juckreiz und bringen Glanz ins Fell. Gute natürliche Lieferanten sind Fisch, Nachtkerze, Borretsch oder Saflor-Öl. Reichen Sie ebenfalls Vitamin A und E.

- Der Tierarzt wird einige Hautpartikel unter dem Mikroskop untersuchen.

- Die verschriebenen Behandlungen können aus Steroiden, Antihistaminen, Fungiziden oder Diätprodukten bestehen.

Wiederholtes Kratzen an den Ohren kann ein Hinweis auf Ohrmilben sein (S. 17).

3

ALTERNATIVE THERAPIEN

HEILPFLANZEN

Ist eine örtlich begrenzte Stelle betroffen, rasieren Sie dort das Fell und waschen Sie diese Stelle mit einer einfachen, nicht-medizinischen Seife aus. Legen Sie für einige Minuten einen kalten, nassen Teebeutel auf. Das im Tee enthaltene Tannin unterstützt den Heilungsprozess.

Auch Aloe-vera-Gel kann die Entzündung lindern. Gelbholz, Nesselpflanzen, Labkraut und Calendula bringen ebenfalls Erleichterung.

Um weiteren Befall zu verhindern, kann Knoblauch ins Futter gerührt werden, wenn die Katze unter einer Flohallergie leidet. Sie können es frisch (fein gehackt oder gerieben) oder in Form von Kapseln geben.

HOMÖOPATHIE

Graphites X6 wird empfohlen, wenn die Wunde offen ist und nässt. Es wird in der Regel alle 4 Stunden gegeben und eine Besserung sollte sich nach 24 Stunden einstellen. Wenn dies nicht hilft, ist ein anderes Mittel angezeigt.

Rhus toxicodendron (Giftsumach) wird für höchstens 5 Tage in derselben Dosierung gegeben. Beenden Sie die Behandlung früher, wenn die Symptome verschwunden sind. Diese Arznei ist eher für gerötete und entzündete Haut geeignet als für offene Stellen.

Ein starker Juckreiz reagiert besser auf Arsenicum album C30.

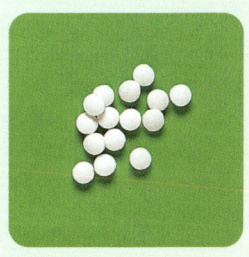

FLÖHE

Flöhe sind die Hauptursache, wenn Katzen sich kratzen. Jede vierte Katze reagiert allergisch auf Flohspeichel. Sie können Flöhe mithilfe eines speziellen feinzinkigen Flohkamms entdecken – setzen Sie die Katze dazu auf ein weißes Blatt Papier. Bei den schwarzen Punkten, die Sie auskämmen, handelt es sich um Flohkot.

SYMPTOME

- Kratzen, vor allem im Nacken und am Kopf
- Schwarze Körnchen im Fell

THERAPIE UND SELBSTMASSNAHMEN

• Baden Sie Ihre Katze mit einem schwefelhaltigen Shampoo. Schwefel gilt als natürlicher Flohvernichter.

• Behandeln Sie Ihr Heim und Ihre Tiere zur selben Zeit – Flöhe beißen Tiere und Menschen (kleine Pusteln auf Ihren Unterschenkeln). Das beste Mittel zur Behandlung von Haus und Tier (einmal jährlich) ist Boraxpuder. Verstreuen Sie es auf Teppichen und Polstern und saugen Sie es danach ab. Vergessen Sie nicht, den Staubsaugerbeutel in die Mülltonne zu werfen.

• Puder, Shampoos und Sprays sind die traditionellen Mittel, um Flöhe zu bekämpfen, doch sollten Sie unbedingt die Gebrauchsanweisung genauestens beachten, um die Gesundheit Ihrer Katze nicht zu gefährden. Flohhalsbänder sind nicht sehr effektiv und können Hautallergien verursachen.

• Sie können Flöhe in der Regel zwar ohne Ihren Tierarzt behandeln, doch die meisten Medikamente zur Einnahme sind rezeptpflichtig. Sie durchbrechen den Lebenszyklus eines Flohs, indem Sie die Entwicklung der Eier verhindern. Entsprechende Arzneien werden über das Katzenfutter geträufelt oder durch Injektion verabreicht.

ALTERNATIVE THERAPIEN

✜ HEILPFLANZEN

Floh-Kräuter-Tinktur: Geben Sie 1 TL getrockneten Rosmarin oder 1 EL frischen in 600 ml kochendes Wasser. 10 Minuten ziehen lassen, abseihen und vor dem Gebrauch abkühlen.

Ein Flohmittel für die äußere Umgebung sind Nematoden, mikroskopisch kleine Würmer, die sich von schädlichen Insekten ernähren. Sie sind in Tier- oder Gartenhandlungen erhältlich und werden im Garten ausgesetzt.

ALLERGIE AUF FLOHBISSE

Flöhe ernähren sich, indem sie mit ihren scharfen Mundwerkzeugen in die Katzenhaut stechen, Speichel einspritzen und dann den Blutcocktail aussaugen. Manche Katzen reagieren allergisch auf den in der Haut zurückbleibenden Speichel, Entzündungen sind die Folge. Die Wahrscheinlichkeit einer allergischen Reaktion ist umso größer, desto häufiger die Katze von Flöhen befallen wird. Daher ist eine regelmäßige Flohkontrolle wichtig. Sie reduziert das Risiko einer Allergie.

SYMPTOME

- Haarausfall
- Bakterielle Infektionen
- Starke Entzündungen
- Kleinere Schwellungen, über den ganzen Körper verteilt

URSACHE

• Wenn Ihre Katze einmal eine Allergie auf Flohspeichel entwickelt hat, kann die Anwesenheit eines einzigen Flohs auf ihrem Körper zu ernsten allergischen Reaktionen führen.

THERAPIE

• Um die Dermatitis, die Entzündung der Bisswunden unter dem Fell, zu heilen, kann eine anfängliche Therapie mit Kortisonpräparaten angezeigt sein, um die schlimmsten Entzündungssymptome zu lindern.

• Weil Flöhe Blut saugen, kann der Tierarzt Vitamin B und Eisen empfehlen – vor allem bei Kätzchen, da sie anämiegefährdet sind. Bierhefe dient als natürlicher Lieferant und ist leicht zu verfüttern.

• Eine regelmäßige Bekämpfung von Flöhen durch Medikamente im Futter kann einen langfristigen Schutz für Katze und Heim bieten.

3

ALTERNATIVE THERAPIEN

✕ HEILPFLANZEN

Baden Sie die entzündeten Stellen in verdünntem Zitronensaft, um die Entzündung zu lindern und das Risiko einer Sekundärinfektion zu verringern. Waschen und schneiden Sie eine unbehandelte Zitrone in Scheiben und legen Sie sie in 600 ml warmes Wasser. Lassen Sie sie über Nacht ziehen und seihen Sie die Flüssigkeit dann ab. Benutzen Sie

Wattebäusche, um die Flüssigkeit vorsichtig auf die Katzenhaut zu träufeln. Eine natürliche Kräuterarznei besteht aus Katzenkralle *(Acacia greggi)* und Löwenzahn. Vermischen Sie je 5 Tropfen und geben Sie 14 Tage lang einmal täglich 3 Tropfen der Mischung ins Maul, Futter oder Trinkwasser.

Zitrone wirkt nicht nur antiseptisch, sondern fungiert auch als Antihistamin.

ZECKEN

Zecken treten meist in landwirtschaftlichen Regionen, wo vor allem Rinder und Schafe ihre Wirtstiere sind, häufig auf. Die Parasiten haben einen komplexen Lebenszyklus. Die Eier entwickeln sich zu einer Larve, die sich während des nächsten Stadiums ihres Lebenszyklusses als so genannte Nymphe an einem Tier festhält. Dann lässt sie sich von ihrem Wirtstier fallen, entwickelt sich weiter und wartet auf das nächste Tier, das vorbeikommt – vielleicht Ihre Katze. Sobald die Zecke, die nicht größer als der Kopf einer Stecknadel ist, festen Halt

Zecke

auf der Katze hat, beginnt sie zu fressen, indem sie mit ihren scharfen Mundwerkzeugen in die Haut einsticht. Sobald die Zecke Blut saugt, nimmt sie beträchtlich an Größe zu. Meistens wird sie in diesem Stadium entdeckt, wenn die Katze gebürstet wird.

3

SYMPTOME

- So wie die Zecke in die Haut eingebettet ist, können Sie sie für eine Warze oder Schwellung halten. Bei näherer Betrachtung aber werden Sie Beine und Mundwerkzeuge erkennen. Die Farbe hängt von der Art der Zecke ab.
- Die Katze kratzt sich an der befallenen Stelle.
- Es kann zu Sekundärinfektionen kommen.
- Blutparasiten können durch die Zecke auf die Katze übertragen werden.

SELBSTMASSNAHMEN

- Auch wenn es verführerisch ist, die Zecke einfach aus der Haut zu ziehen, tun Sie es nicht. Sie würden nur den Körper der Zecke abziehen, Kopf und Mundwerkzeuge würden in der Haut verbleiben, wo sie schnell zu einer Entzündung führen können. Sie können ein Spray kaufen, durch das die Zecke ihren Halt verliert, doch die einfachste Möglichkeit ist es, den Parasiten mit Öl einzustreichen. Es blockiert die Atemwege der Zecke, so dass sie erstickt und relativ schnell ihren Halt verliert. Alternativ kann sie auch durch hochprozentigen Alkohol getötet werden.

- Ist Ihre Katze stark befallen, kann die Einnahme eines Medikamentes notwendig sein. Fragen Sie Ihren Tierarzt nach der besten Behandlung.

ALTERNATIVE THERAPIEN

⊠ HEILPFLANZEN
Cremen Sie die befallene Stelle mit Calendulasalbe ein; dies verringert auch, die Infektionsgefahr.

Calendula entstammt der Ringelblume.

LÄUSE

Es gibt zwei Arten von Läusen: die beißenden und die Blut saugenden. Bei Katzen kommen nur die beißenden Arten vor. Sie sind dafür bekannt, dass sie bei Tieren, die in schlechter Verfassung sind, Anämie verursachen können. Läuse sind unter hellem Licht zwar mit bloßem Auge sichtbar, doch die kleinen weißen Nester für die Eier auf den Haaren des Fells können leichter erkannt werden. Läuse kommen nur in den kalten Wintermonaten vor und befallen das Haus nicht.

SYMPTOME

- Rötung und Juckreiz
- Raues, geschädigtes Fell
- Schlechter Gesundheitszustand
- Anämie möglich

URSACHEN

• Läuse treten meist dort auf, wo Katzen eng beieinander gehalten werden. Untersuchen Sie Haut und Fell sorgfältig, wenn Ihre Katze aus einem Tierheim kommt oder in einer Katzenpension war.

• Kätzchen sind besonders anfällig für Läuse. Wenn ein Kätzchen eines Wurfes Läuse hat, sind wahrscheinlich die Geschwister ebenfalls befallen.

3

THERAPIE UND SELBSTMASSNAHMEN

• Bürsten ist bei der Läusebekämpfung hilfreich, denn die Läuse sterben schnell, wenn sie keinen Kontakt mehr mit der Katze haben.

• Die Behandlung ist dieselbe wie bei Flöhen (S. 44). Eine erneute Behandlung ist nach etwa 14 Tagen nötig, um die Läuse zu zerstören, die sich in der Zwischenzeit aus den Eiern entwickelt haben.

• Baden Sie die Katze 3 Wochen lang 1-mal wöchentlich mit einem schwefelhaltigen Shampoo. Lassen Sie den Schaum 10 Minuten einwirken, bevor sie ihn ausspülen.

• Ihr Tierarzt kann Antihistamine verschreiben, um den Juckreiz einzudämmen. Empfehlenswert sind auch Ernährungszusätze mit Vitamin B und Eisen – z. B. Bierhefe und rohe Leber – um einer möglichen Anämie vorzubeugen.

ALTERNATIVE THERAPIEN

❂ HEILPFLANZEN
Shampoos auf Zitrusbasis, die ein natürliches Insektizid enthalten, können zur Bekämpfung angewandt werden.

❂ ERNÄHRUNG
Vor allem bei Kätzchen kann Bierhefe, die reich an Vitamin B ist, eine Anämie bekämpfen, die durch Läuse oder andere Parasiten verursacht wurde. Alternativ können Sie das Katzenfutter durch andere Vitamin-B-haltige Lebensmittel, wie z. B. rohe Leber oder Ei, anreichern.

RÄUDE

Parasitäre, mikroskopisch kleine Milben verursachen diese Krankheit. Die durch Grabmilben (Sarcoptes-Arten) verursachte Räude ist die häufigste, die Katzen befällt. Die Milben graben sich in die Haut ein und legen dort ihre Eier, was zu einer Infektion führt. Die Anzeichen zeigen sich zwischen zwei Wochen und zwei Monaten nach dem ersten Milbenkontakt. Milben verbreiten sich entweder durch direkten Kontakt zwischen Katzen (oder Hunden) oder auf indirektem Weg durch milbenhaltige Bürsten. Sie können auch Menschen infizieren und Krätze verursachen – daher sollten alle Familienmitglieder zeitgleich behandelt werden. Demodex-Milben dagegen dringen in die Haarfollikel und manchmal auch in die Schweißdrüsen ein.

Räude-Milbe

3

SYMPTOME

Sarcoptes-Räude:
- Die Ohrspitzen sind oft als erste betroffen.
- Die Haut wird trocken und krustig.
- Die erkrankte Stelle juckt.

Demodex-Räude:
- Haarausfall
- Die erkrankte Stelle weitet sich aus.
- Die Haut wird rot und es bilden sich eitergefüllte Pusteln.

URSACHE

- Milbenbefall

THERAPIE

• Der Tierarzt wird Haut- oder Haarproben untersuchen. Er benötigt Hautpartikel, um Sarcoptes-Milben zu entdecken. Zur Feststellung der Demodex-Milben muss er Haare entnehmen.

• Die Behandlung der Sarcoptes-Räude ist einfacher als die Bekämpfung der Demodex-Milben. Bei ersterer wird zunächst das Haar über den entzündeten Stellen entfernt, dann wird die Haut mit einem speziellen Shampoo gewaschen. Die Behandlung muss einige Wochen anhalten, um die Milben anhaltend zu entfernen. Sie sollten während der Behandlung und beim Bürsten immer Handschuhe tragen. Nach jedem Kontakt mit der Katze die Hände waschen!

• Die Demodex-Räude kann, wenn sie sich auf eine Stelle beschränkt, manchmal spontan heilen. Doch häufiger breitet sie sich schnell über den gesamten Körper aus. Daher ist eine Früherkennung und Behandlung sehr wichtig, vor allem weil Bakterien in die entzündeten Stellen eindringen können und ernste, sogar lebensbedrohliche Sekundärinfektionen verursachen können, die mit Antibiotika behandelt werden müssen.

Achtung

Waschen Sie oder wechseln Sie alle Liegeplätze aus, um eine Neuinfektion zu verhindern. Auch die Bürsten können Milben übertragen. Wenn Sie mehr als eine Katze oder einen Hund haben, achten Sie auf die Symptome der Räude. Lassen Sie sich dazu von Ihrem Tierarzt beraten.

• Es ist hilfreich, das Immunsystem zu stärken, da so die Wahrscheinlichkeit einer spontanen Selbstheilung steigt. Geben Sie der Katze zu diesem Zweck vor allem Zink sowie die Vitamine C und E. Auch wenn diese Kombination in den meisten entsprechenden Präparaten enthalten ist, ist es besser, sie der Katze einzeln zuzuführen. Der Tierarzt kann Sie über die Dosierung aufklären, die u. a. von der Größe Ihrer Katze abhängig ist. Die zusätzliche Gabe von essenziellen Fettsäuren kann ebenfalls empfehlenswert sein.

ALTERNATIVE THERAPIEN

HOMÖOPATHIE
Sulfur X6 kann einen Monat lang täglich gegeben werden. Reduzieren Sie die Dosis, wenn die Symptome abklingen.

HEILPFLANZEN
Lindern Sie die Entzündungen, indem Sie die betroffenen Stellen täglich mit einer Zitronenlösung auswaschen (S. 45). Dadurch werden auch einige Milben abgetötet. Lavendelöl, im Verhältnis 1:10 mit Mandelöl vermischt, kann bei einer Demodex-Räude das Wachstum des neuen Fells beschleunigen.

Wenden Sie es täglich auf der Haut an, bis die neuen Haare zu wachsen beginnen. Sonnenhut *(Echinacea angustifolia)* kann bei der Sarcoptes-Räude angewandt werden. Streichen Sie die erkrankten Stellen mit der empfohlenen Tinktur ein.

Sonnenhut

HAUTPILZE

Die volkstümliche Bezeichnung »Ringwurm« ist irreführend, da es sich eher um eine Pilzinfektion als um eine parasitäre Erkrankung handelt. Sie kann von Tieren auf Menschen übertragen werden. In der Regel zeigen sich die ersten Anzeichen der Erkrankung nicht bei Ihrer Katze, sondern bei Ihnen oder einem Familienmitglied. Die Unterarme sind beliebte Stellen für die geröteten, kreisrunden Flecken, die die menschlichen »Ringwürmer« charakterisieren. Meist werden junge Katzen unter einem Jahr infiziert.

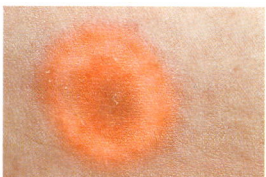

Pilzbefall beim Menschen

SYMPTOME

- Kreisrunder Haarausfall, vor allem an Kopf, Ohren, Pfoten und Rücken
- Einige Stellen sind gerötet und schuppig.
- Juckreiz

3

URSACHE

- Pilzinfektion

THERAPIE UND SELBSTMASSNAHMEN

- Ihr Tierarzt kann die Katze unter der UV-Lampe untersuchen, um den »Ringwurm« als Verursacher zu identifizieren.

- Zur Identifikation des Pilzes können Hautkulturen angelegt werden. Frühestens nach 2 Wochen kann das definitive Resultat abgelesen werden.

- Rasieren Sie das Fell rund um die kahlen Stellen weg, um eine Ausweitung zu verhindern. Die Infektion ist sowohl bei Menschen als auch bei Katzen in der äußeren Umgebung der erkrankten Stellen besonders ansteckend. Entfernen und sterilisieren Sie die Rasierklingen nach dem Gebrauch. (Wenn Sie Ihre Katze behandeln, stellen Sie sie auf Zeitungspapier, das Sie wegwerfen können.)

- Waschen Sie die kahlen Stellen täglich mit einer jodhaltigen oder antiseptischen Seife, um eine Sekundärinfektion zu verhindern.

- Die Behandlung kann mithilfe einer pilzabtötenden Flüssigkeit erfolgen. Tragen Sie bei der Anwendung Handschuhe. In ernsten Fällen kann der Tierarzt auch Tabletten verschreiben, die jedoch für schwangere Katzen nicht geeignet sind.

Die Pilzinfektion zeigt sich über dem rechten Auge.

• Halten Sie die infizierte Katze von anderen Haustieren (und Kindern) fern.

• Katzenklappen können die Behandlung behindern und die Infektion in einem Haushalt mit mehreren Katzen ausbreiten. Da die Katzen beim Ein- und Aussteigen gegen den Rahmen stoßen, werden beide Seite infiziert. Versuchen Sie, die Klappe mit einem Fungizid-Spray zu desinfizieren.

Achtung

Das Hauptziel ist es, eine Übertragung der Infektion auf andere Haushaltsmitglieder und Haustiere zu vermeiden. Hunde sind für dieselben Pilze anfällig, daher sollten sie, wie auch die anderen Katzen, ebenfalls vom Tierarzt behandelt werden. Die Pilzsporen können auf Liegeplätzen und Teppichen sehr gut überleben, daher sind regelmäßiges Waschen und Reinigen wichtig.

3

ALTERNATIVE THERAPIEN

⊞ HEILPFLANZEN

Geben Sie I TL Wurzelpulver von der Kanadischen Gelbwurzel *(Hydrastis canadensis)* in 250 ml kochendes Wasser. Nach dem Abkühlen gießen Sie die Flüssigkeit zur Aufbewahrung in einen verschließbaren Behälter.

Massieren Sie sie morgens und abends in die erkrankten Stellen ein (Handschuhe). Aus Großem Wegerich *(Plantago major)* kann auf dieselbe Weise eine Lösung hergestellt werden, die zum Auswaschen dient.

⊡ HOMÖOPATHIE

Sulfur X6, 30 Tage lang ein Kügelchen täglich, kann gemeinsam mit obigen Kräutern angewendet werden.

Kanadische Gelbwurzel

SCHUPPEN

Die Haut ist das größte Organ des Körpers und macht bei jungen Katzen etwa ein Viertel ihres Gewichts aus. Ein gewisses Maß an losen Hautpartikeln ist bei allen Katzen normal – die äußere Hautschicht, das sogenannte Stratum corneum, stirbt ab und wird durch von unten ständig nachwachsende neue Hautzellen ersetzt. Dieser Prozess kann jedoch über das normale Maß hinausgehen: Die Haut wird trockener und es erscheinen kleine Schuppen. Es gibt auch bestimmte Milben, die in ihrem Aussehen an Schuppen erinnern.

Mit einer Bürste lassen sich die Schuppen leichter entfernen als mit einem Kamm.

3

SYMPTOME

- Abgestorbene Hautpartikel liegen zwischen den Haaren.
- Während des Bürstens erscheinen zahlreiche Schuppen auf Bürste oder Kamm.
- Wenn Milben die Ursache sind, werden sie wie Schuppen sichtbar, wenn die Katze sich kratzt.

URSACHEN

- Austrocknen der Haut

- Alles, was die Haut irritiert – ob äußere Parasiten, allergische Reaktionen oder eine Entzündung – kann zu Schuppenbildung führen.

THERAPIE UND SELBSTMASSNAHMEN

- Bürsten entfernt die abgestorbenen Hautpartikel.

- Bäder mit einem milden Shampoo auf Hafermehl-Basis beruhigen die Haut.

- Folgen Sie den Anweisungen für trockene Haut auf der gegenüberliegenden Seite.

Schuppen im Katzenfell

ALTERNATIVE THERAPIEN

■ ERNÄHRUNG

Durch trockene Haut verursachte Schuppen weisen auf einen Fettmangel in der Ernährung hin. Mischen Sie daher täglich 1 TL Maisöl unter das Katzenfutter.

Maisöl ist bei trockener Haut sehr hilfreich.

TROCKENE HAUT

Sowohl innere als auch äußere Faktoren können zu trockener Haut führen. Die wiederholte Anwendung eines Flohshampoos etwa kann die Haut austrocknen und ebenfalls zu Schuppen führen. Bestimmte Milben, die sogenannten »wandernden Schuppen«, trocknen die Haut aus. Eine träge Schilddrüse (S. 68) kann den Zustand der Haut direkt beeinflussen und wird häufig von anderen Symptomen, vor allem Haarausfall, begleitet. Es ist daher für den Tierarzt wichtig zu bestimmen, ob die Ursachen trockener Haut primär oder sekundär sind, d. h. die Folge einer Störung in einem anderen Organ des Körpers.

URSACHEN

• Anwendung eines Flohshampoos

• Milben

• Innere Erkrankungen

SYMPTOME

• Trockene, manchmal schorfige Haut

THERAPIE UND SELBSTMASSNAHMEN

• Ein Luftbefeuchter in Ihrem Heim kann hilfreich sein. Sie können auch Schüsseln mit Wasser neben die Heizung stellen, damit die Luft feucht bleibt.

• Baden Sie Ihre Katze einmal im Monat mit einem feuchtigkeitsspendenden Shampoo.

• Ihr Tierarzt wird Ihre Katze und möglicherweise ihr Blut untersuchen, um die exakte Ursache herauszufinden. Für einen Milbenbefall sprechen ungefähr kreisrunde schorfige Stellen auf der trockenen Haut im Nacken und auf dem Körper der Katze. Ein solcher Befall ist zwar selten, muss aber behandelt werden, weil die Milben auf den Menschen übergehen können, vor allem wenn die infizierte Katze im Bett schlafen darf. Ihr Tierarzt kann ein Insektizid empfehlen, meist in Form eines Shampoos, mit dem die Stellen behandelt werden müssen, an denen die Katze sich kratzt.

ALTERNATIVE THERAPIEN

⊠ **HEILPFLANZEN**
Waschungen mit Zitronenlösung (S. 45) können hilfreich sein, weil Zitrone ein natürliches Insektizid enthält.

▣ **HOMÖOPATHIE**
Sulfur X6, jeden 2. Tag für einen Monat, kann hilfreich sein. Innerhalb dieses Monats sollte sich eine Besserung abzeichnen.

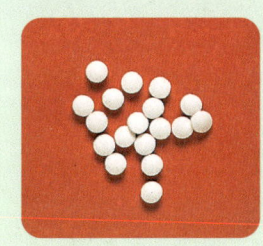

3

HAARAUSFALL

K atzen können durch Kämpfe oder Stress ganze Haarbüschel verlieren. Doch häufiger resultieren blanke Stellen aus einer Hauterkrankung wie Dermatitis. Es kann auch das äußere Zeichen einer inneren Erkrankung sein, doch ist die Krankheit in einem solchen Fall meist schon ausgebrochen, bevor das Haar ausfällt. Katzen verlieren, je nach Rasse, ihre Haare auch jahreszeitenbedingt, doch ist dieser Haarausfall (Fellwechsel) nicht weiter dramatisch.

3

URSACHEN

• Es kann zu Haarausfall kommen, wenn die Katze unter einer Hauterkrankung leidet, die durch Allergien, Parasiten- oder Milbenbefall verursacht wird und zu Juckreiz führt. In solchen Fällen sieht die sichtbar gewordene Haut ungesund aus.

• Bei einer Dermatitis, die durch eine Flohbissallergie verursacht wurde, ist die Haut gerötet und dort mit Schorf bedeckt, wo die Katze sich gekratzt hat.

• Bei einer inneren Erkrankung oder auch einer Vergiftung sind die betroffenen Stellen entweder örtlich begrenzt oder auf große Teile des Körpers ausgeweitet.

• Hormonelle Störungen können zu Haarausfall führen.

Manche Rassekatzen wie die seltene Sphynx, sind zur Felllosigkeit gezüchtet worden.

• Nach einer Entbindung können Katzen zeitweilig unter Haarausfall leiden.

• Wenn der Haarausfall auf beiden Seiten des Körpers symmetrisch auftritt, ist dies meist ein sicheres Zeichen für eine innere Erkrankung.

• Eine jahreszeitenbedingte Ausdünnung des Fells ist ganz natürlich, vor allem bei langhaarigen Rassen wie der Norwegischen Waldkatze. Diese spezielle Rasse verliert im Frühling, wenn es wärmer wird, große Teile des Fells.

THERAPIE

3

• Haarausfall durch Milben oder andere Parasiten muss tierärztlich behandelt werden. Bei Räude wird der Tierarzt die Behandlung mit einem Insektizid verschreiben. »Ringwürmer« können durch pilzbekämpfende Salben behandelt werden. In ernsteren Fällen wird der Tierarzt Medikamente zum Einnehmen empfehlen.

• Wird der Verlust des Fells durch innere Krankheiten hervorgerufen, wird eine Reihe von Tests nötig sein, um die exakte Ursache zu finden. Nur auf diese Weise kann die beste Behandlung verschrieben werden.

ALTERNATIVE THERAPIEN

⊞ HEILPFLANZEN

Seetang – täglich 1 TL Pulver unter das Futter gemischt – kann eine träge Schilddrüse stimulieren.

⬚ HOMÖOPATHIE

Thuja occidentalis C30 (Lebensbaum) kann hilfreich sein. In der Regel genügen 3 Gaben im Abstand von je 12 Stunden. Wenn dies misslingt, kann *Selenium* C30 verschrieben werden. Haarausfall nach einer Entbindung kann durch eine Erhöhung der Proteine in der Nahrung und eine einzelne Dosierung von *Sepia* C30 korrigiert werden.

FETTSCHWANZ

Es handelt sich um eine örtlich begrenzte Infektion am Schwanzansatz, die bei Katzen beiderlei Geschlechts auftreten kann. Am häufigsten ist sie aber bei nicht-kastrierten Katern. Relativ oft tritt sie auch bei lockigen Rex-Rassen wie der Devon oder der Cornish Rex auf.

SYMPTOME

- Fett sammelt sich auf dem Fell an. Es verfilzt und sieht schorfig aus.
- Die erkrankte Stelle kann sich entzünden.

URSACHE

• Übermäßige Produktion der Talgdrüsen, möglicherweise verursacht durch hormonelles Ungleichgewicht

THERAPIE UND SELBSTMASSNAHMEN

• Die Behandlung ist dieselbe wie bei Akne (S. 57). Baden Sie die betroffenen Stellen mit einem milden Baby-Shampoo, um das Fett zu lösen. Verwenden Sie kein medizinisches Shampoo, denn es kann die Haut austrocknen und die Erkrankung schließlich verstärken. Alternativ können Sie der Katze ein Kleie-Bad bereiten, um sie nicht ständig waschen zu müssen, was für die Katze weniger stressig ist. Im Normalfall wird das Fell durch die Kleie vom Fett befreit.

3

DAS KLEIE-BAD

Kleie, die wie ein Trockenshampoo fungiert, ist in den meisten Tierhandlungen erhältlich. Wärmen Sie sie in einer Auflaufform im Backofen auf und geben Sie sie dann in eine Schüssel. Legen Sie eine alte Zeitung auf eine Unterlage, von der der entstehende Schmutz problemlos wieder entfernt werden kann. Halten Sie Ihre Katze fest und massieren Sie die Kleie kräftig ins Fell und in die Haut ein. Trotz des Schmutzes – für Ihre Katze ist es angenehmer als das Bad mit Shampoo und Wasser. Lassen Sie die Kleie eine Weile einwirken, damit sie das Fett aufsaugen kann und bürsten Sie sie dann aus.

Massieren Sie die Kleie ins Fell ein.

Bürsten Sie die Kleie mit einer weichen Bürste aus.

AKNE

Akne ist eine örtlich begrenzte bakterielle Entzündung der Haut, die mit hyperaktiven und teilweise verstopften Drüsen zusammenhängt. Katzen können in jedem Alter Akne bekommen. Eine rasche äußerliche Behandlung ist empfehlenswert. Einige Tierärzte sehen eine Verbindung zu Stress oder hormonellen Schwankungen.

URSACHE

• Die Infektion tritt an den Hautstellen auf, an denen die Talgdrüsen verstopft sind. Das wiederholte Kratzen verschärft das Problem.

SYMPTOME

- Entzündete und gerötete Haut am Kinn
- Pickel

THERAPIE UND SELBSTMASSNAHMEN

• Versuchen Sie die verstopften Poren zu öffnen, indem Sie 2-mal täglich für je 3–5 Minuten ein aufgewärmtes Stück Stoff an die Haut halten.

• Reinigen Sie die Haut mit einer antiseptischen Lösung, wie z. B. Jodtinktur. Waschen Sie sie mit Wasser aus und tupfen Sie anschließend Alkohol auf, um die Haut auszutrocknen.

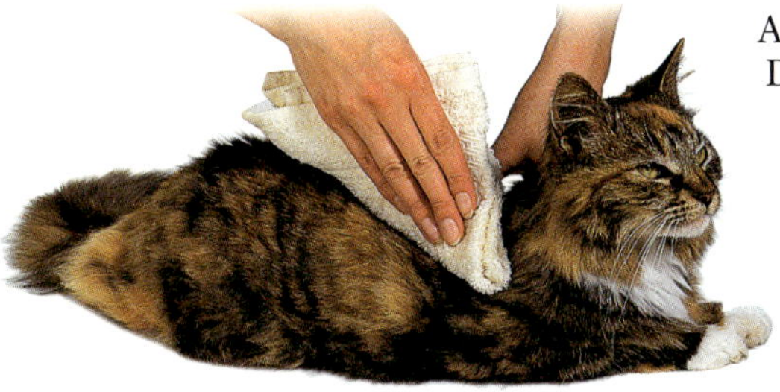

• Verwenden Sie auf keinen Fall Akne-Präparate für Menschen. Drücken Sie die Pickel nicht aus, dadurch kann sich die Infektion ausweiten und die Akne braucht länger, um abzuheilen.

• Manche Tierärzte halten Akne für eine Reaktion auf Kunststoff. Verwenden Sie daher besser Metall- oder Keramiknäpfe.

• Ihr Tierarzt kann die Infektion auch mit Antibiotika behandeln.

3

ALTERNATIVE THERAPIEN

HEILPFLANZEN

Aloe-vera-Gel lindert die Infektion und unterstützt die Heilung.

Calendula-Tinktur, 6 Tropfen in 30 ml Wasser. Tupfen Sie sie 2-mal täglich mit einem Wattebausch auf. Dadurch wird die Heilung beschleunigt und die Bakterien werden vernichtet.

Aloe vera

SONNENBRAND

Zwar erscheint der Gedanke, dass Katzen einen Sonnenbrand bekommen können, eher ungewöhnlich – doch es kann vorkommen. Oft suchen Katzen sich ein sonniges Plätzchen und bleiben dort, ungeachtet der Hitze, für lange Zeit liegen. Auch in einem gemäßigten Klima kann die Katze an einem Sommertag von der Sonne verbrannt werden. Weiße Katzen und Katzen mit lichtem Fell sind am meisten gefährdet. Wiederholte Sonnenbrände können zu Hautkrebs führen.

SYMPTOME

• Dort, wo die Haut direkt den Sonnenstrahlen ausgesetzt ist, vor allem an den Ohrenspitzen und auf der Nase, ist sie gerötet. Wenn die Katze auf dem Rücken geschlafen hat, kann auch der Bauch verbrannt sein, da das Fell hier sehr dünn ist.

• Die Katze reibt oder leckt an den verbrannten Stellen.

3

URSACHE

• Sonneneinstrahlung

SELBSTMASSNAHMEN

• Einen Sonnenbrand zu verhindern, ist besser, als ihn zu behandeln. Am besten lassen Sie die Katze früh am Morgen, bevor die Sonne heiß wird, heraus und locken sie vor der Mittagshitze wieder ins Haus. Dies geht am einfachsten, wenn Sie sie vormittags nicht füttern. Halten Sie sie bis zum späten Nachmittag im Haus. Einer Katze gefällt es in der Regel genauso gut, in ihrem Körbchen zu schlafen wie draußen.

• Verwenden Sie einen Sonnenschutz für die empfindlichen Körperstellen. Spezielle Präparate erhalten Sie in vielen Tierhandlungen. Sonnenschutzmittel für Menschen sind nicht geeignet. Sie enthalten gefährliche Zinkoxide und Benzolsäuren, die die Katze ableckt, wenn sie sich putzt. Der Lichtschutzfaktor der Sonnencreme sollte bei über 30 liegen. Die Creme muss so gut wie möglich in die Haut einmassiert werden, damit sie wirken kann, bevor sie abgeleckt wird.

• Lenken Sie die Katze durch Spielen ab, damit die Creme in die Haut einziehen kann.

Achtung

Weiße Katzen sind besonders gefährdet, weil ihnen das Farbpigment Melanin fehlt. Zweifarbige Katzen mit weißen Stellen auf dem Kopf sind ebenfalls stärker gefährdet. Das gleiche gilt für die Sphynx-Rasse, da sie kein Fell hat. Die rosafarbenen Stellen auf ihrer Haut, die normalerweise mit weißem Fell bedeckt wären, sind besonders empfindlich. Sonnenbrand ist nicht nur schmerzhaft, sondern kann langfristig auch gefährlich werden, da er das Risiko von Hautkrebs erhöht.

• Möglicherweise müssen Sie über Schutzkleidung für die empfindlichen Stellen nachdenken.

• Wenn Ihre Katze einen Sonnenbrand bekommen hat, ist schnelle Hilfe nötig. Die verbrannten Stellen werden rot und entzünden sich. Sie sind auch sehr empfindlich, berühren Sie Ihre Katze daher sehr vorsichtig. Die beste Möglichkeit, die Haut zu kühlen, ist ein weiches nasskaltes Tuch, mit dem Sie vorsichtig die Haut bedecken. Lassen Sie es nicht trocken werden. Legen Sie 2 oder 3 Stunden lang alle 30 Minuten ein frisches Tuch auf.

Alternative Therapien

Heilpflanzen

Eine Hamamelis-Lotion, alle 4 Stunden aufgetragen, kann Linderung verschaffen und unterstützt den Heilungsprozess.
Aloe vera – direkt von der Pflanze oder in Gelform – lindert und heilt, wenn sie auf die verbrannte Stelle aufgetragen wird.

Hamamelis

KRALLEN

Katzen benötigen ihre Krallen für verschiedene Aufgaben, wie Körperpflege, Beutefang oder Klettern. Die Entfernung der Krallen ist grausam und widerspricht dem natürlichen Verhaltensmuster der Katze. In vielen Ländern ist sie verboten. Konflikte entstehen dort, wo Katzen sich entschließen, Polster zum Wetzen ihrer Krallen zu verwenden – ein spezielles Problem bei Katzen, die nur in der Wohnung gehalten werden. Die einfachste Lösung stellt ein Kratzbaum dar. Gewöhnen Sie Ihre Katze daran, diesen zu benutzen. Reiben Sie vorsichtig ihre Vorderkrallen am Kratzbaum, um ihr Interesse zu wecken.

DIE KATZENKRALLE

Kralle ausgefahren

Erstes Glied

Zweites Glied

Drittes Glied (mit Kralle verbunden)

Kralle eingefahren

3

KRALLEN UND KRATZEN

• Das Kratzen hält nicht nur die Krallen kurz, sondern spielt auch eine wichtige Rolle bei der Markierung des Reviers. Aus diesem Grund benutzt die Katze instinktiv immer dieselbe Stelle. Die Kratzer sind neben den Duftmarken, die bei starkem Regen verschwinden, für die Katzen der Nachbarschaft ein sichtbares Zeichen für die Anwesenheit Ihrer Katze. Wenn die Katze kratzt, um ihr Revier zu markieren, hinterlässt sie auch Duftmarken, die in den Schweißdrüsen zwischen ihren Zehen produziert werden. Wenn Sie Ihre Katze einmal an einen Kratzbaum in der Wohnung gewöhnt haben, wird sie aufgrund der Duftmarken immer dabei bleiben.

• Wenn Sie feststellen, dass Ihre Katze an Polstern zu kratzen beginnt, reicht einfaches Schimpfen nicht aus. Waschen Sie die Stelle mit Wasser oder besser noch mit Kölnisch Wasser aus, um die Duftmarken zu entfernen (weitere Informationen zur Erziehung finden Sie in Kapitel 5).

• Ältere und weniger agile Katzen kratzen weniger und ihre Krallen können zu lang werden, so dass ihnen das Gehen vor allem auf Teppichen Schwierigkeiten bereitet. Wenn sich die Krallen in den Teppichfasern verfangen, müssen die Spitzen zurückgeschnitten werden. Auch wenn die Spitzen der eingezogenen Krallen bei einer hochgehaltenen Pfote herausschauen, sind sie zu lang.

3

THERAPIE UND SELBSTMASSNAHMEN

• Wenn Sie Zweifel haben, ob die Krallen Ihrer Katze zu lang sind, fragen Sie Ihren Tierarzt, der Ihnen auch das Schneiden abnehmen kann. Man benötigt dazu gutes Licht und eine spezielle Krallenzange. Schneiden Sie die Krallen nicht zu kurz und brechen Sie sie nicht ab, beides ist für Ihre Katze schmerzhaft. Die Blutversorgung der Kralle erkennen Sie an dem dünnen rosafarbenen Streifen. Schneiden Sie die Kralle weiter unten ab, so dass sie nicht bluten kann.

• Vor allem zu lange Krallen können manchmal ausreißen. Dies kann zu ernsthaften Verletzungen führen, die tierärztlich behandelt werden müssen. Die Pfote muss eine Weile verbunden bleiben, bis die Heilung einsetzt, um eine möglicherweise folgende Infektion zu verhindern.

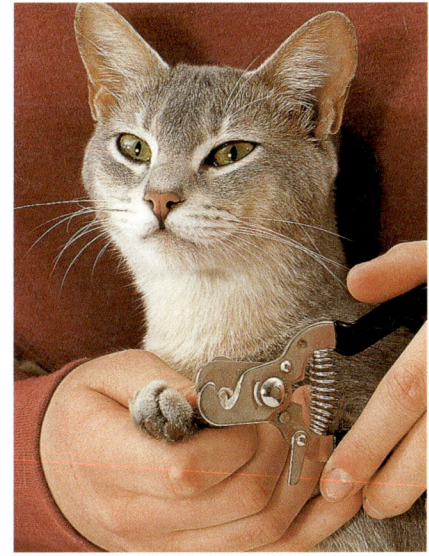

Ihr Tierarzt zeigt Ihnen gern, wie Sie Ihrer Katze die Krallen zurückschneiden können.

ABSZESSE

Abszesse sind Eiterbeulen unter der Haut. Eiter ist eine Anhäufung von Bakterien und weißen Blutzellen. Er weist auf eine Infektion hin. Abszesse kommen sehr häufig bei unkastrierten Katern vor, die bei Revierkämpfen gebissen wurden. Bakterien aus dem Maul des Rivalen gelangen in die offene Wunde.

Das Problem ist die Entdeckung: Da das Katzenfell dicht ist, fällt es oft gar nicht auf, dass das Tier gebissen wurde, bis sich plötzlich eine Beule bildet. Manchmal platzt ein Abszess auch von alleine auf.

3

SYMPTOME

- Das Fell kann vom Speichel der anderen Katze noch feucht sein und Zahnabdrucke können erkennbar sein.
- Wenn die Bakterien sich in der Wunde vermehren, bildet sich schnell eine Beule.
- Die Schwellung fühlt sich heiß an und wird bis kurz vor dem Aufplatzen größer.
- In diesem Stadium macht Ihre Katze einen kranken Gesamteindruck und verliert ihren Appetit.

URSACHE

• Abszesse sind meist die Folge eines Bisses durch eine andere Katze. Sie treten häufig seitlich des Gesichtes auf, können sich aber auch überall am Körper bilden. Die scharfen spitzen Eckzähne der Katze fungieren wie Nadeln, durch die die Bakterien tief in die Wunde eindringen können.

Unkastrierte Kater geraten schnell in Revierkämpfe mit den Nachbarkatzen.

THERAPIE UND SELBSTMASSNAHMEN

• Behandeln Sie die erkrankte Stelle mit einer Lösung aus Epsomer Bittersalz, um die Reifung des Abszesses zu unterstützen. Wenn dieses Stadium erreicht ist, sollten Sie die Katze zum Tierarzt bringen.

• Geben Sie der Katze 3 Tage lang je 3-mal täglich Vitamin-C-Tabletten (250 mg), sobald Sie den Abszess bemerken. Dieses Vitamin stärkt das Immunsystem der Katze.

• Der Tierarzt wird den Abszess aufstechen und ausdrücken. Anschließend wird er Antibiotika verschreiben, um eine Infektion zu vermeiden.

• Wenn Ihre Katze nicht zur Zucht benötigt wird, ist es empfehlenswert, sie zu kastrieren. Danach wird sie viel von ihrer Kampflust verlieren.

3

ALTERNATIVE THERAPIEN

✠ HEILPFLANZEN

Ist der Abszess aufgeplatzt, unterstützt eine Tinktur aus Calendula den Heilungsprozess. Verrühren Sie 1/4 TL Calendula-Öl in 250 ml warmem (nicht kochendem) Wasser. 2-mal täglich auftragen.

▢ HOMÖOPATHIE

Ledum (Sumpfporst) wird in Potenzen zwischen C6 bis C200 häufig zur Behandlung von Abszessen empfohlen. Die Behandlung kann auch mit *Hypericum* kombiniert werden. Zur richtigen Dosierung sollten Sie einen Homö-

opathen befragen. Wenn der Abszess kurz vor dem Aufplatzen steht, kann *Hepar sulfuris* hilfreich sein. Beginnen Sie mit der Potenz C6, während des Heilungsprozesses wird sie normalerweise auf C200 erhöht. Wischen Sie die betroffene Stelle häufig mit einem feuchten Wattebausch ab, dadurch kann der Eiter besser herausfließen. *Silicea* C200 unterstützt allgemein die Genesung der Katze.

SCHNITTE UND STICHE

Es gibt viele alltägliche Gefahren für eine Katze, von Insektenstichen bis zu Glasscherben. Wenn Ihre Katze gerne den Inhalt von Mülltüten untersucht, kann sie sich leicht schneiden, und sie wird schnell gestochen, wenn sie mit herumfliegenden Wespen spielt. Kätzchen werden besonders häufig gestochen, weil sie sehr neugierig und sich der Gefahr nicht bewusst sind, wenn sie nach fliegenden Insekten schnappen. Sind sie einmal gestochen worden, haben sie nur noch wenig Lust, die Erfahrung ein zweites Mal zu machen.

Achtung

Katzen werden oft ins Maul gestochen. Das ist gefährlich, weil die folgende Schwellung die Atmung behindern kann. Suchen Sie daher in einem solchen Fall unverzüglich den Tierarzt auf.

3

THERAPIE UND SELBSTMASSNAHMEN

Bei einem tiefen Schnitt muss die Wunde gereinigt und genäht werden. Dabei ist die Katze, je nach Ort und Art der Verletzung, entweder örtlich betäubt oder narkotisiert. Bienen hinterlassen ihren Stachel in der Haut. Versuchen Sie, ihn vorsichtig mit einer Pinzette oder der stumpfen Seite eines Messers zu entfernen, um der Katze Erleichterung zu verschaffen.

ALTERNATIVE THERAPIEN

HEILPFLANZEN

Reinigen Sie die Wunde und rasieren Sie alle Haare im Umfeld ab. Behandeln Sie die betroffene Stelle mit einer Calendula-Tinktur. Geben Sie 6 ml der Tinktur auf 30 ml Wasser und tunken Sie ein kleines Stück Mull in die Flüssigkeit. Befestigen Sie die Mullgaze vorsichtig auf der Wunde.

Tragen Sie bei kleineren Wunden eine Salbe aus Calendula und Johanniskraut auf der Wunde auf, um den Heilungsprozess zu fördern.

INNERE ERKRANKUNGEN

Zu den inneren Erkrankungen zählen alle Erkrankungen des Organsystems sowie alle Störungen, die letztlich den gesamten Körper betreffen. Die Anzeichen sind je nach erkranktem Organ unterschiedlich. Die Schlüssel für ein langes und gesundes Leben Ihrer Katze liegen in der Vorsorge, der frühzeitigen Reduzierung von gesundheitlichen Risikofaktoren, der genauen Diagnose und der schnellen Behandlung, um ein Fortschreiten der Krankheit zu verhindern. Sie und Ihr Tierarzt sollten die gesundheitliche Verfassung Ihrer Katze regelmäßig beobachten – nur so können Sie eine bestmögliche Gesundheit sicherstellen.

4

DIE ÄLTERE KATZE

Katzen gehören mit acht Jahren zu den Senioren und haben wie ältere Menschen auch spezielle Bedürfnisse. Dank der hochentwickelten Tiermedizin kann eine Katze bis zu 20 Jahre alt werden, doch benötigt sie vermehrte Pflege und Aufmerksamkeit, um sicherzustellen, dass sie diese Jahre auch glücklich und gesund verbringen kann. Halten Sie Stress von ihr fern. Ältere Katzen können sich Veränderungen in ihrer Umgebung weniger anpassen und benötigen mehr Fürsorge, um gesund und zufrieden zu bleiben.

THERAPIE UND SELBSTMASSNAHMEN

• Füttern Sie Ihre alte Katze mit hochwertigem Futter, das speziell auf ihr Alter und ihre Lebenshaltung zugeschnitten ist und vermeiden Sie Übergewicht. Die kleinen Senioren brauchen bis zu 30 % weniger Kalorien als in jungen Jahren;
reduzieren Sie Proteine und Fett;
verfüttern Sie mehr Ballaststoffe, um Verstopfung zu vermeiden;
reichen Sie ihr Zusatzstoffe wie Vitamine, Mineralien, frisches Gemüse.

• Wiegen Sie Ihre Katze monatlich und führen Sie darüber Buch. Auch kleine Gewichtsschwankungen können das erste Anzeichen einer Störung sein. Auch wenn die meisten Katzen zu Übergewicht neigen, können andere zu dünn werden. Zunehmende Gewichtsverluste können auf verschiedene innere Erkrankungen hinweisen wie Schilddrüsenüberfunktion, Nierenerkrankungen, Lebererkrankungen oder Krebs.

4

• Treiben Sie Ihre Katze 2-mal täglich zu je 10 Minuten Bewegung an, indem Sie mit ihr spielen oder an der Leine spazieren gehen. Dies ist wichtig für die Gewichtskontrolle und die gesamte Gesundheit, vor allem für Herz, Lungen und Muskeln. Achten Sie auf die Atmung, während die Katze spielt – angestrengtes Atmen kann ein Hinweis auf eine Erkrankung sein.

• Ermöglichen Sie der Katze einen leichteren Zugang zur Katzentoilette, indem Sie die Seiten einschneiden, damit sie leichter ein- und aussteigen kann.

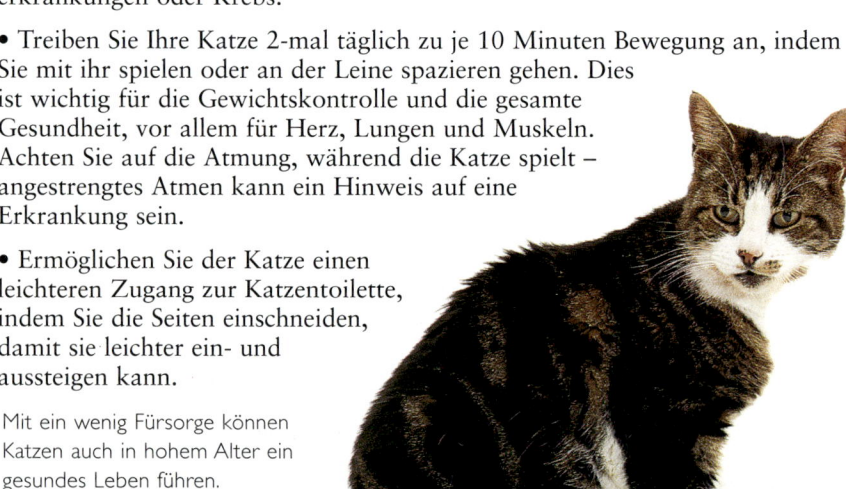

Mit ein wenig Fürsorge können Katzen auch in hohem Alter ein gesundes Leben führen.

• Kranke, arthritische oder übergewichtige Katzen können sich selbst nicht ausreichend putzen. Nehmen Sie sich daher Zeit, um Ihre Katze zu kämmen und zu bürsten. Regelmäßiges Bürsten entfernt lockere Haare und verhindert die Bildung allzu großer Haarballen. Es fördert auch die Durchblutung der Haut, verstärkt die Aktivität der Talgdrüsen und führt damit zu gesünderer Haut und gesünderem Fell. Schneiden Sie die Krallen alle 2 Wochen zurück. Viele ältere Katzen benutzen ihren Kratzbaum kaum noch.

• Beobachten Sie Verhalten und Gesundheit Ihrer Katze. Katzen können ihre Krankheiten gut verstecken, doch der beste Weg zur Heilung sind Früherkennnung und Behandlung.

• Ihr Tierarzt kann anstatt der sonst üblichen jährlichen eine halbjährliche Kontrolluntersuchung vorschlagen. Zur Kontrolluntersuchung gehören eine umfassende körperliche Untersuchung, eine Überprüfung von Körpergewicht und Verfassung sowie Blut-, Kot- und Urintests, um Störungen frühzeitig zu entdecken. Auch eine Untersuchung der Zähne ist wichtig. 85 % der Katzen über acht Jahren leiden unter Parodontose, die auch zu Herzerkrankungen führen kann (S. 18).

• Arthritis ist die häufigste Erkrankung bei älteren Katzen. Sie kann durch Ernährung, vor allem Gewichtsreduzierung, und homöopathische Arzneien gelindert werden.

4

ALTERNATIVE THERAPIEN

📖 HOMÖOPATHIE

Bei Verstopfung kann *Argentum nitricum* C6 verschrieben werden. *Bryonia diorica* hilft bei Arthritis, die bei warmem Wetter schlimmer wird. *Rhus toxidodendron* wird bei Arthritis angewendet, die bei feuchtkaltem Wetter schlimmer wird. *Causticum Hahnemannii* ist geeignet bei einer Arthritis mit Deformierungen oder Muskelschwäche.

DRÜSENERKRANKUNGEN

Diese Störungen treten auf, wenn die für die Hormonproduktion verantwortlichen endokrinen Drüsen entweder zu viel oder zu wenig eines bestimmten Hormons produzieren. Ein Mangel des Hormons Insulin etwa führt zu einer Erkrankung, die als Diabetes mellitus bekannt ist. Ein Defizit im Hormonausstoß der Schilddrüse, die den Stoffwechsel bestimmt, wird als Schilddrüsenunterfunktion, ein Überschuss als Schilddrüsenüberfunktion bezeichnet.

SYMPTOME

Diabetes mellitus:
- Die Anzeichen sind, vor allem bei leichten Fällen, nicht immer einfach zu entdecken.
- Vermehrter Durst
- Große Urinmengen
- Gesteigerter Appetit
- Gewichtsverlust
- Süßlich riechender Atem

Schilddrüsenunter-
funktion:
- Gewichtszunahme
- Kälteempfindlichkeit
- Lethargie
- Dünnes Fell und blasse Haut

Schilddrüsenüber-
funktion:
- Gesteigerter Appetit
- Stumpfes und schorfiges Fell
- Vergrößerte Schilddrüse
- Vermehrter Durst, häufig in Verbindung mit Durchfall und Erbrechen
- Unerklärlicher Gewichtsverlust

URSACHEN

• Diabetes wird durch eine Störung in der Bauchspeicheldrüse verursacht, die durch Übergewicht, Erbanlagen oder Medikamente hervorgerufen werden kann. Kater sind anfälliger als Katzen.

• Schilddrüsenunterfunktion ist bei Katzen sehr selten. Schilddrüsenüberfunktion wird häufig durch Schilddrüsenkrebs verursacht. Katzen mit einer Schilddrüsenüberfunktion entwickeln oft sekundäre Herz- und Nierenerkrankungen. Beides kann von selbst wieder verschwinden, wenn die Schilddrüse unter Kontrolle ist.

4

THERAPIE UND SELBSTMASSNAHMEN

• Bei Verdacht auf Diabetes wird der Tierarzt Blut und Urin Ihrer Katze untersuchen. Zucker in Blut und Urin zeigt an, dass die Zellen das eigene Insulin nicht verwenden können.

• Diabetes wird mit täglichen Insulinspritzen sowie einer sorgfältigen Nahrungs- und Flüssigkeitskontrolle behandelt. Ihr Tierarzt wird Ihnen zeigen, worauf Sie achten müssen. Es ist wichtig, sowohl die Spritzen als auch die Nahrung immer zur selben Tageszeit zu geben.

• Die Symptome einer Diabetes können nach 2–3 Monaten verschwinden, wenn die Katze entsprechend mit Insulin und einer speziellen Diät behandelt wird. Doch sollten Sie weiterhin Ihre Katze sorgfältig beobachten und auf eine Rückkehr der Symptome achten.

• Bei einer Schilddrüsenstörung zeigt ein Bluttest, ob der Hormonanteil im Blut zu hoch oder zu niedrig ist. Die geeignete Behandlung hängt vom Alter der Katze sowie von Problemen wie Herz- oder Nierenerkrankungen ab:

Die tägliche Gabe von Tabletten kann verschrieben werden. Wenn sich die Katze die Tablette nicht ins Maul stecken lässt und sie nicht schlucken will, können Sie sie in etwas Schmierkäse verstecken. Halten Sie das Stück auf Ihrem Finger und lassen Sie ihn von der Katze ablecken.

Abhängig vom Alter der Katze und ihrer Verfassung kann der Tierarzt eine Behandlung mit radioaktivem Jod vorschlagen, ein chirurgischer Eingriff, der den Hormonausstoß bremst. Für viele Tierärzte ist dies die beste Behandlung, doch sollte der Katzenbesitzer auch an die entsprechenden Kosten denken.

Bei Schilddrüsenkrebs kann die Schilddrüse operativ entfernt werden.

ALTERNATIVE THERAPIEN

⊞ HEILPFLANZEN
Bei Diabetes mellitus können Sie kalten Dill- oder Petersilientee über das Futter träufeln. Bei Schilddrüsenüberfunktion kann Schachtelhalmtee die verlorenen Mineralien ersetzen. Geben Sie 1TL des Krauts in 250 ml heißes Wasser, 10 Minuten ziehen und dann abkühlen lassen; 15 ml Tee über das Futter geben.

⊿ ERNÄHRUNG
Erhöhen Sie den Gemüseanteil im Katzenfutter, und zwar mit Erbsen, Möhren oder Kürbis.

⊞ BACHBLÜTEN
Mimulus und Impatiens beruhigen, da Katzen mit Schilddrüsenüberfunktion häufig hyperaktiv sind.

Keine dieser Arzneien kann die Hormonbehandlung ersetzen. Ohne Insulin wird Ihre Katze sterben.

Petersilientee

4

LEBERERKRANKUNGEN

Die Leber ist nicht nur das größte innere Organ, sondern zählt auch zu den wichtigsten. Zu ihren Funktionen gehören der Ausstoß von Giftstoffen und schädlichen Substanzen, die Produktion von Blutgerinnungsfaktoren und von Gallenflüssigkeit, die für die Verdauung nötig ist. Außerdem lagert sie fettlösliche Vitamine und Eisen an. Aufgrund ihrer weitgestreuten Aufgaben kann jede Störung der Lebertätigkeit zu ernsten

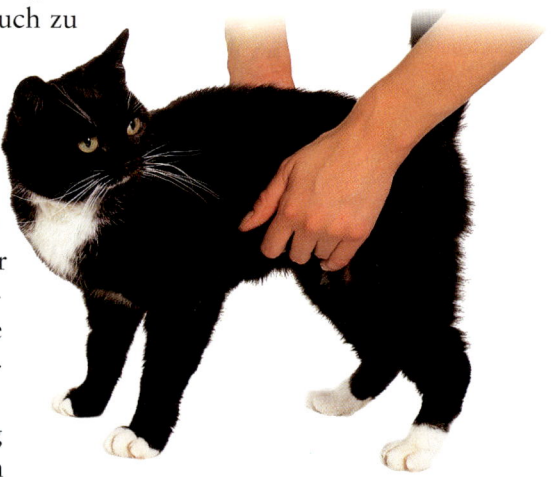

Erkrankungen führen. Bei einer Katze kann die Leber durch verschiedene Ursachen geschädigt werden. Eine Entzündung der Leber wird als Hepatitis bezeichnet, die verschiedene Ursachen haben kann. Eine Leberverfettung oder Leberlipidose wird durch eine Anhäufung von Fett in den Leberzellen verursacht und tritt bei Katzen häufig auf.

4

SYMPTOME

- Appetitmangel
- Gewichtsverlust
- Depression
- Gelbsucht (Das Weiße in den Augen ist gelblich verfärbt.)
- Dunkel verfärbter Urin (verursacht durch eine Anhäufung von Gallenpigmenten)
- Vermehrter Durst
- Schwellung des Bauches (durch Wasseransammlung)
- Erbrechen

URSACHEN

• Die Ursache der Leberlipidose ist bis heute unbekannt, doch scheinen Katzen, die mehrere Tage lang nichts gefressen haben, sehr gefährdet zu sein.

• Hepatitis kann durch Viren oder Bakterien (Feline Peritonitis, S. 31), Gifte oder Herzerkrankungen verursacht werden.

THERAPIE UND SELBSTMASSNAHMEN

• Der Tierarzt kann eine Biopsie (Entfernung einiger Leberzellen zwecks Laboruntersuchung) vornehmen, um die genaue Ursache festzustellen.

• Eine Diät ist der wichtigste Bestandteil der Behandlung. Eine sorgfältig ausgewählte Diät verringert die Arbeit der Leber und erlaubt ihr, sich zu erholen. Vermeiden Sie proteinreiches Futter, und geben Sie mehrere kleinere Mahlzeiten am Tag.

• Bei einer Leberlipidose, die mit einer Anorexie verbunden ist, kann Zwangsernährung notwendig werden.

DIE VERDAUUNGSORGANE

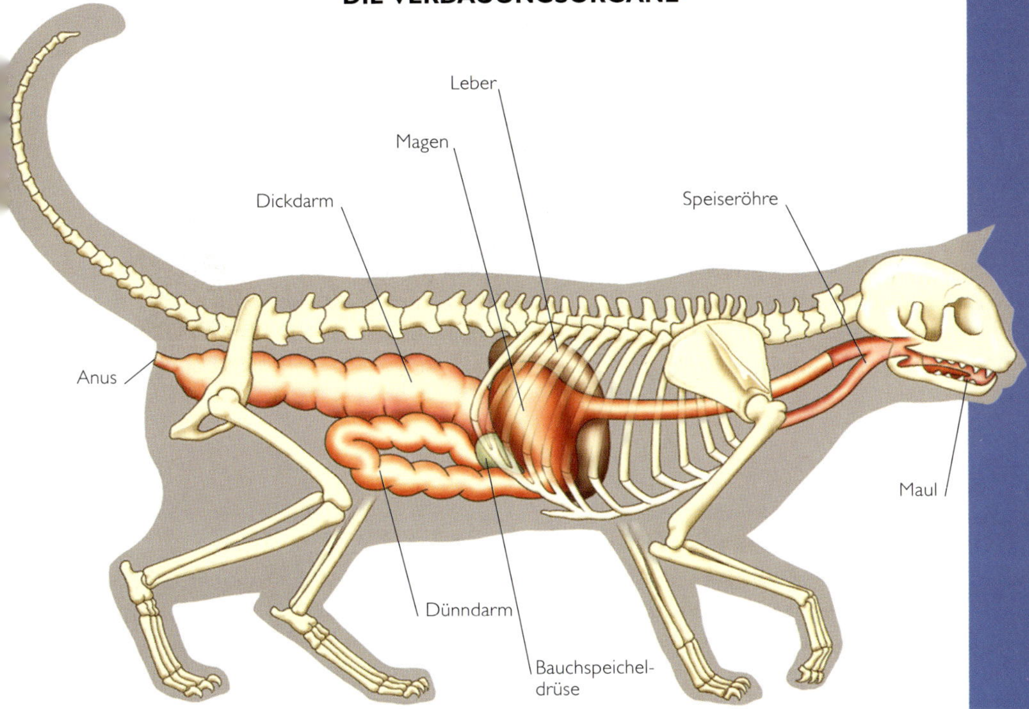

Leber

Magen

Dickdarm

Speiseröhre

Anus

Maul

Dünndarm

Bauchspeichel-
drüse

ALTERNATIVE THERAPIEN

4

⬛ ERNÄHRUNG

Vitaminzugaben sind gut für Katzen, die unter Hepatitis oder Lipidose leiden. Versuchen Sie mit einer Mischung aus Joghurt und Honig, den Appetit Ihrer Katze anzuregen.
Rohe Leber – einmal wöchentlich – liefert Vitamine und Eisen.

Vitamin C ist ein
guter Entgifter.

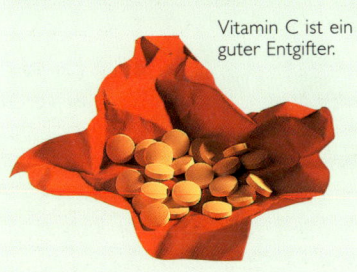

⬛ HEILPFLANZEN

Gehackte und über das Katzenfutter gestreute Petersilie kann hilfreich sein.

⬛ HOMÖOPATHIE

Natrium sulfuricum X6 wird bei Katzen mit Leberproblemen häufig verschrieben. Es sollte innerhalb von 24 Stunden zu einer Besserung führen.
Eine andere Behandlung kann durch *Belladonna* X6 (Tollkirsche) erfolgen, das vor allem bei Fieber angezeigt ist. Wenn die Katze durstig ist und erbricht, kann *Bryonia diorica* X6 (Teufelsrübe) verschrieben werden.

NIERENERKRANKUNGEN

Die Nieren filtern giftige und schädliche Substanzen aus dem Blut der Katze und entfernen sie über den Urin. Sie regulieren auch den Kalzium- und Vitamin-D-Haushalt, sie erhalten die Feuchtigkeit und sondern die Hormone ab, die für die Produktion der roten Blutkörperchen erforderlich sind. Akute Nierenerkrankungen treten plötzlich auf. Sie sind bei Katzen selten und bei Früherkennung und -behandlung in der Regel heilbar. Chronische Nierenerkrankungen führen zu einer allmählichen und fortschreitenden Verschlechterung der Nierenfunktionen. Sie sind nicht heilbar und die Symptome treten erst auf, wenn die Nierenfunktionen bereits zu 80 % gestört sind.

URSACHEN

• Häufig: die progressive altersbedingte Verschlechterung der Nierenfunktionen

• Infektionen durch Viren oder Bakterien

• Ernährungsbedingt, z. B. Übergewicht

• Störungen des Immunsystems wie bei Leukämie, Katzen-Aids oder Krebs

• Gift

• Vererbte Rassendefekte, wie z. B. bei den Abessinier-Katzen

4

Gewichtsverlust ist eines der Anzeichen für eine fortgeschrittene Nierenerkrankung.

THERAPIE UND SELBSTMASSNAHMEN

SYMPTOME

- Gesteigerte Urinmenge
- Vermehrter Durst
- Gesteigerter Appetit
- Austrocknung
- Depression
- Schwäche
- Erbrechen

• Blut- und Urintests ermöglichen dem Tierarzt festzustellen, wie schwer die Erkrankung ist und Ihnen Tipps zu geben, um den Zustand zu stabilisieren. Er kann auch Röntgen- und Ultraschalluntersuchungen sowie eine Biopsie durchführen.

• Flüssigkeitszufuhr ist ein zentraler Punkt in der unterstützenden Behandlung einer Katze mit Nierenfehlfunktionen. Stellen Sie sicher, dass ihre Wasserschüssel immer mit frischem Wasser gefüllt ist.

• Sie können das Stadium der Austrocknung testen, indem Sie etwa 5 Sekunden lang am Nacken in die Haut der Katze zwicken und dann beobachten, in welcher Zeit die Haut wieder abflacht. Sie sollte nach 1–3 Sekunden wieder glatt sein. Ist sie es nicht, muss der Katze Flüssigkeit zugeführt werden, was durch subkutane oder intravenöse Spritzen von Ihrem Tierarzt vorgenommen werden kann.

• Gute Ernährung ist lebenswichtig. Das Ziel ist, die Arbeitsleistung der Nieren zu verringern, indem die Schadstoffe, die von den Nieren ausgestoßen werden sollen, reduziert werden. Proteinreiche Nahrungsmittel, Phosphor und Salz bedeuten viel Arbeit für die Nieren. Daher sollte die Ernährung Ihrer Katze nur wenig proteinreiche Nahrungsmittel, wie etwa Eier, salz- und phosphorarme Kost umfassen. Spezielles Diätfutter ist dabei hilfreich.

• Die meisten Katzen mit Nierenerkrankungen sind anämisch (S. 80) und benötigen B-Vitamine und Eisen. Bierhefe und rohe Leber sind gute Lieferanten.

• Blutdrucksenkende Medikamente gibt es mittlerweile auch für Katzen, um eine weitere Verschlechterung der Nierenfunktionen zu verhindern.

4

ALTERNATIVE THERAPIEN

✉ HEILPFLANZEN

Empfohlen werden 2 Tropfen Alfalfa-Tinktur 3-mal täglich. Wenn der Zustand sich stabilisiert, können sie auf eine Gabe täglich reduziert werden.

Auch *Apis mellifica* M10 kann Erleichterung bringen. In der Regel werden 4 Gaben in einem stündlichen Intervall empfohlen. *Apis mellifica* ist bei schwangeren Katzen nicht geeignet.

▥ HOMÖOPATHIE

Natrium muriaticum C200 (Kochsalz) kann hilfreich sein. Im Laufe der Behandlung können höhere Potenzen notwendig werden.
Aalserum stärkt den Urinfluss und kann sicherstellen, dass die Nieren weiterhin ihre Funktionen erfüllen können.

Apis mellifica wird aus der Honigbiene gewonnen.

HARNWEGSERKRANKUNGEN

Der Urin gelangt aus den Nieren über die sogenannten Harnleiter in die Blase. Dort wird er gesammelt, bevor er über die Harnröhre ausgeschieden wird. Erkrankungen der unteren Harnwege treten bei Katzen sehr häufig auf. Sie können entweder die Blase (Zystitis) oder die Harnröhre (Urolithiasis) befallen.

URSACHEN

- Infektion durch Bakterien oder Viren

- Harngrieß oder Harnkörner in der Harnröhre

- Steine im Harntrakt oder in den Nieren selbst

Ein Nierenstein unter dem Elektronenmikroskop

Achtung

Beobachten Sie Ihre Katze während sie uriniert. Mögliche Störungen machen sich dabei am ehesten bemerkbar. Das Wasserlassen kann der Katze Schmerzen bereiten und sie macht einen gequälten Eindruck. Die Katze lässt häufig Wasser, jedoch nur kleinere Mengen oder ein paar Tröpfchen. Sterilisierte Katzen haben häufig Blut im Urin. Bei kastrierten Katern kann die Harnröhre verstopft sein: Dies ist sehr ernst zu nehmen und ein medizinischer Notfall.

4

- Es ist sehr wichtig, dass Ihre Katze immer Zugang zu frischem, sauberem Wasser hat. Austrocknung ist ernst zu nehmen und kann Harnwegserkrankungen verursachen.

- Stress

- In mehr als der Hälfte der Erkrankungen kann keine Ursache gefunden werden.

THERAPIE UND SELBSTMASSNAHMEN

- Der Tierarzt kann die Erkrankung mit Blut- und Urintests diagnostizieren. Ihre Beobachtungen als Besitzer sind in diesem Fall sehr wichtig.

- Die Behandlung konzentriert sich auf Umstellung von Ernährung und Umgebung, da Erkrankungen der unteren Harnwege leicht wieder auftreten können.

- Übergewichtige, kastrierte oder sterilisierte Tiere mit einem alkalischen Urin (ph-Wert über 7) scheinen für diese Art von Erkrankungen die anfälligsten zu sein. Die Diät sollte auf sauren Urin ausgerichtet sein und magnesiumarme Kost beinhalten. Spezielles Diätfutter kann dies garantieren.

- Stellen Sie sicher, dass die Katze ausreichend zu trinken hat.

- Folgen Sie den Ratschlägen zum Übergewicht (S. 32), um den Gesundheitszustand der Katze insgesamt zu verbessern.

DER HARNTRAKT

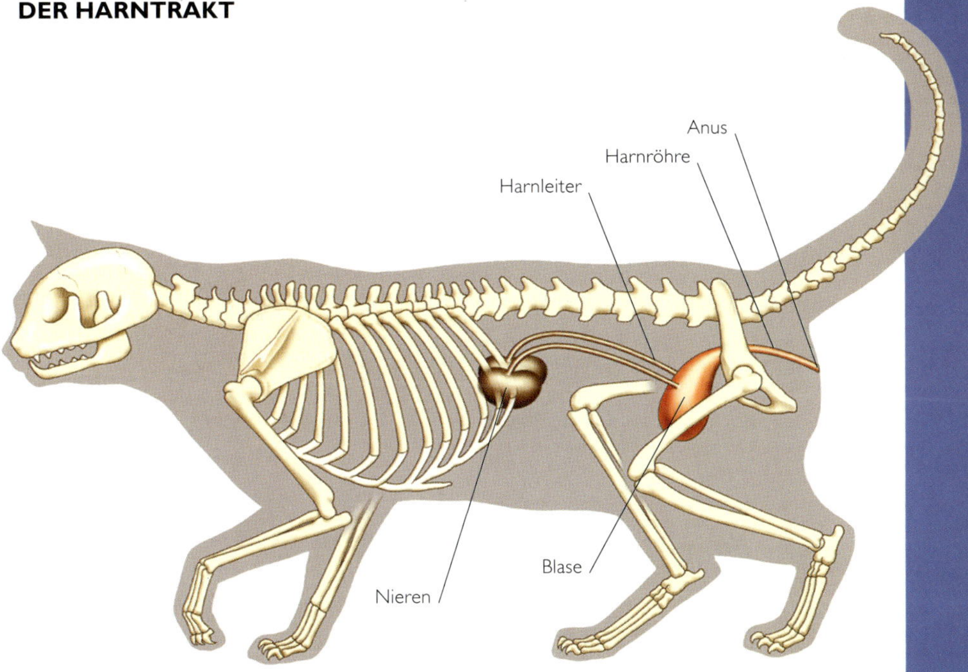

Anus

Harnröhre

Harnleiter

Nieren

Blase

ALTERNATIVE THERAPIEN

4

✤ HEILPFLANZEN
Bei Zystitis und Urolithiasis:
Queckentee, 15 ml 2-mal täglich
(Zubereitung
S. 69).

Birkenblättertee, 5 ml 2-mal täglich.
Mischung aus Nesseln, Kanadischer
Gelbwurzel, Buckostrauch und Flachs-
samen; 2-mal täglich je 1/3 TL.

⬚ HOMÖOPATHIE
Pulsatilla C30, 3-mal alle 4 Stunden ein
Kügelchen, bei Zystitis.
Sarsparilla C30, 3 Globuli in 15-minüti-
gen Intervallen, bei Katern, die Schwie-
rigkeiten beim Wasserlassen haben.
Cantharis C30, 3 Globuli in 15-minütigen
Intervallen, bei Katern, die Schwierig-
keiten beim Wasserlassen haben.

⚡ ERNÄHRUNG
Frischer Preiselbeersaft kann bei Zystitis Erleichterung verschaffen.

FORTPFLANZUNG

Wenn Sie eine Katze bekommen, sollten Sie genau darüber nachdenken, ob Sie sie zur Zucht verwenden möchten. Falls nicht, ist es wahrscheinlich besser, sie zu sterilisieren oder zu kastrieren. Dadurch verhindern Sie unerwünschte Schwangerschaften, mögliche Krebserkrankungen in den Fortpflanzungsorganen, und bei Katern reduzieren sich die Aggressionsbereitschaft und das Spritzen von Urin. Katzen haben während der Schwangerschaft in der Regel wenig Probleme.

THERAPIE UND SELBSTMASSNAHMEN

• Kater sollten im Idealfall mit ungefähr 6 Monaten kastriert werden. Die Hoden werden unter Narkose entfernt und das Tier wird sich sehr schnell erholen.

• Die Sterilisation der weiblichen Katze erfolgt mit etwa 4 oder 5 Monaten. Mit 6 Monaten ist eine Katze geschlechtsreif. Gebärmutter, Eierstöcke und Eileiter werden unter Narkose entfernt. In der Regel wird ein Stück Fell am Bauchraum abrasiert und die Katze wird mit einigen Stichen genäht werden. Sie leidet jedoch nur wenig. Die vollständige Sterilisation verhindert, dass die Katze rollig wird.

• Halten Sie eine Katze, die gerade geworfen hat, unter strenger Aufsicht. Die Gebärmutter ist kurz nach der Geburt sehr infektiös, und wenn die Bakterien sich dort zu vermehren beginnen, wird die Katze schnell krank.

• Wenn das Muttertier eine Infektion entwickelt, ist eine schnelle Behandlung notwendig, nicht nur um ihr Leben zu retten, sondern auch das der Kätzchen, die unter Umständen mit der Hand genährt werden müssen, weil die Mutter nicht dazu in der Lage ist (S. 98). In Verbindung mit Antibiotika kann Ihr Tierarzt auch das Hormon Oxytozin empfehlen, damit sich die Gebärmutter schneller zusammenzieht. Diese Medikamente unterstützen die Ausstoßung von zurückgebliebenen Resten der Plazenta. In ernsteren Fällen kann eine Infusionstherapie angezeigt sein.

• Bei einer Mastitis wird der Tierarzt in der Regel Antibiotika verschreiben.

4

SYMPTOME

Mastitis:
• Eine oder mehrere Milchdrüsen fühlen sich heiß an und sind schmerzhaft.
• Verweigerung des Säugens

Sexuelle Verhaltensauffälligkeiten:
• Bei Katern exzessive Markierung des Reviers und Aggression
• Bei Katzen lautes Schreien, während sie rollig sind

Achtung

Erkrankungen der Fortpflanzungsorgane können nicht nur während oder nach der Schwangerschaft auftreten. Pyometra ist eine lebensgefährliche Eiteransammlung in der Gebärmutter, die ältere Katzen befallen kann, die nie Nachwuchs hatten.

Wenn die Kätzchen beim Säugen laut
und unruhig sind, kann dies bedeuten,
dass die Mutter nicht genug Milch hat.

4

ALTERNATIVE THERAPIEN

✉ HEILPFLANZEN

Himbeerblatttabletten sind ein tradi-
tionelles Mittel, um eine problemlose
Schwangerschaft zu ermöglichen. In der
Regel werden sie von der 3. bis zur
7. Schwangerschaftswoche gegeben.

⬚ HOMÖOPATHIE

Viburnum opulus C30 (Gemeiner
Schneeball), während des ersten
Schwangerschaftsmonats 2-mal
wöchentlich, wird gegeben, um das
Risiko einer Fehlgeburt zu verringern.
Arnica montana C30 (Wohlverleih)
unterstützt die Genesung einer Katze
nach der Entbindung.

Urtica urens C30 (Brennnessel) sollte
5 Tage lang 3-mal täglich gegeben werden, wenn die Mutter zu wenig Milch
für ihre Kätzchen hat.
Bei einer akuten Mastitis ist Belladonna
C6 (Tollkirsche) zu empfehlen. Eine
normale Dosierung sind 5 Gaben alle
2 Stunden. Eine chronische Mastitis
reagiert besser auf Silicea C200,
hergestellt aus Kieselsäure. Diese
Arznei sollte 6 Wochen lang 2-mal
wöchentlich verabreicht werden.

HERZERKRANKUNGEN

Die Aufgabe des Herzens ist es, sauerstoffarmes Blut aus dem Körper zu sammeln und es in die Lungen zu pumpen, die es wieder mit Sauerstoff versorgen. Dann pumpt das Herz das sauerstoffreiche Blut zurück in den Körper. Kardiomyopathie ist bei Katzen die häufigste Herzerkrankung. Sie befällt den Herzmuskel, so dass er das Blut nicht mehr ausreichend pumpen kann. Der Kreislauf ist gestört und einige Zellen werden nicht mehr ausreichend mit Sauerstoff und lebenswichtigen Nährstoffen versorgt. Sie tritt meist plötzlich und ohne Warnung auf und muss unverzüglich tierärztlich behandelt werden.

SYMPTOME

In den meisten Fällen gibt es vor dem fortgeschrittenen Stadium nur wenig Anzeichen. Manche Besitzer bemerken bei ihrer Katze:

• Kurzatmigkeit oder Schwierigkeiten beim Atmen
• Schwäche und Aktivitätseinbußen
• Bläulichverfärbung von Zunge und Zahnfleisch
• Husten und Keuchen
• Appetitmangel
• Ohnmachtsanfälle
• Schwierigkeiten beim Gehen oder Lähmung der hinteren Beine

URSACHEN

• Herzmuskelerkrankung (Kardiomyopathie)

• Herzwurmerkrankung, verursacht durch Wurmbefall im Herzen. Sie wird durch Moskitostiche übertragen und verläuft immer tödlich. Eine Behandlung ist nicht möglich.

• Taurinmangel. Taurin ist eine essenzielle Aminosäure, die in einigen Nahrungsmitteln fehlt. Eine Mangelerkrankung ist aber eher selten, da die meisten Fertigfutter mit Taurinen angereichert sind. Rohe Leber ist ein guter natürlicher Lieferant.

• Krebs oder Schilddrüsenüberfunktion (S. 68)

• Erbliche Faktoren, die zu einem gehäuften Auftreten bei reinrassigen Katzen führen.

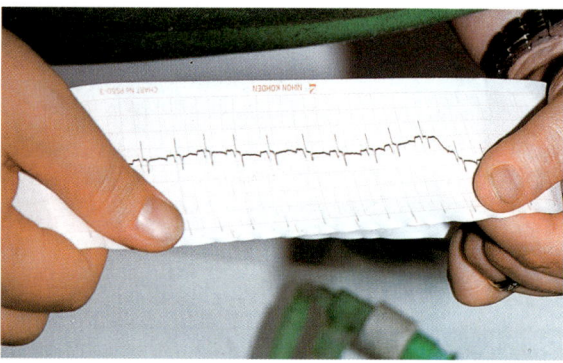

Überprüfung eines Elektrokardiogramms (EKG)

4

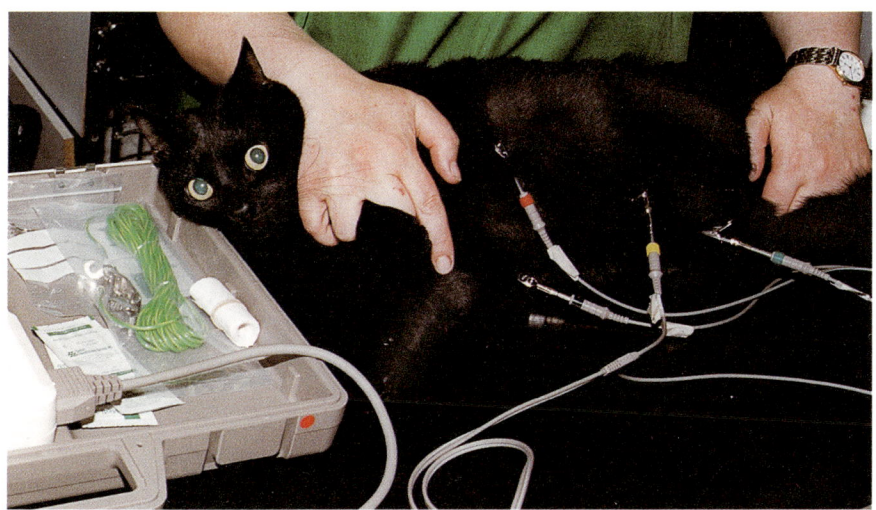

Während eines EKGs muss die Katze von jemandem gehalten werden, dem sie vertraut.

THERAPIE UND SELBSTMASSNAHMEN

• Der Tierarzt wird die Erkrankung durch ein Elektrokardiogramm (EKG) oder durch eine Röntgenuntersuchung des Brustkorbs diagnostizieren.

• Die meisten Katzen mit Herzerkrankungen sprechen nur wenig auf eine Behandlung an und neigen zur Bildung von Blutgerinnseln.

• Der verringerte Blutfluss betrifft auch die Nieren und ihre Funktion. So kann es zu einer Ansammlung von Flüssigkeit, vor allem in der Lunge, kommen. Es können harntreibende Medikamente verschrieben werden – in der Folge wird die Katze mehr Wasser lassen.

• Häufig wird eine salzarme Diät empfohlen. Wenn Ihr Wasser weich ist, sollten Sie Ihrer Katze besser destilliertes Wasser anbieten, denn weiches Wasser ist meist reich an Natrium. Salzarme Diäten senken den Blutdruck und damit das Risiko von Herzanfällen.

• Die Vitamine C, E und A sind bei Herzerkrankungen hilfreich.

4

ALTERNATIVE THERAPIEN

✄ HEILPFLANZEN
Petersilientee kann in Verbindung mit harntreibenden Medikamenten die Entwässerung fördern. Geben Sie einige Petersilienzweige in kochendes Wasser. 10 Minuten ziehen lassen, abseihen und abkühlen. Träufeln Sie 1 EL Tee über das Katzenfutter.

▢ HOMÖOPATHIE
Crataegus oxycantha X3, 30 Tage lang ein Kügelchen pro Tag, bei schwachem Herzen. *Digitalis purpurea* X6 kann die Herzfunktionen stärken. *Spongia tosta* X6, 30 Tage lang ein Kügelchen pro Tag. Keine dieser Behandlungen kann den Tierarzt ersetzen.

ANÄMIE

A nämie ist die Folge eines Mangels an roten Blutkörperchen. Sie kann lebensbedrohlich sein, da die im Rückenmark produzierten roten Blutkörperchen dafür verantwortlich sind, dass der gesamte Körper mit Sauerstoff versorgt wird. Anämie kann eine Vielzahl von Ursachen haben – von einem eher harmlosen Flohbefall bis zu einer ernsthaften Organfehlfunktion.

SYMPTOME

• Mangel an Energie
• Blässe von Zahnfleisch und Augenlidern

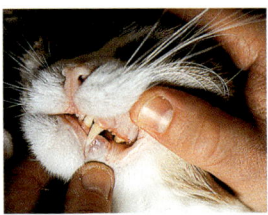

URSACHEN

• Befall von blutsaugenden Parasiten, wie Flöhe, Läuse oder Hakenwürmer. Es ist vor allem bei Kätzchen wichtig, dies früh zu entdecken.

• Viren, die Feline Leukämie (FLV) oder Katzen-Aids verursachen. Eine Impfung (S. 11) bringt einen gewissen Schutz vor Leukämie, die unter Umständen tödlich verlaufen kann. Der Virus greift nicht nur das Rückenmark an, sondern zerstört auch die roten Blutkörperchen.

• Nierenerkrankungen (S. 72)

• Verletzungen mit großem Blutverlust

4

THERAPIE UND SELBSTMASSNAHMEN

• Der Tierarzt wird Blut entnehmen, um die Schwere der Erkrankung festzustellen und eine entsprechende Behandlung zu empfehlen.

• Bei einer schweren Anämie kann eine Bluttransfusion notwendig sein. Die meisten Katzen haben Blutgruppe A.

• Zu empfehlen ist eine Diät, die reich an Vitaminen, Eisen und Proteinen ist. Leber ist ein guter Protein- und Vitamin-B-Lieferant, grünes Gemüse und Seetang enthalten viel Eisen. Zusätzlich: täglich 500 mg Vitamin C.

ALTERNATIVE THERAPIEN

HOMÖOPATHIE

China officinalis C6, 30 Tage lang je ein Kügelchen, ist nach einem großen Blutverlust zu empfehlen.

Kalziumphosphat kann bei Anämie und mangelhafter Ernährung gegeben werden.

VERHALTENS-STÖRUNGEN

Wie die meisten Tiere haben auch Katzen unterschiedliche Charaktere. Sie unterscheiden sich von Individuum zu Individuum und auch von Rasse zu Rasse. In der Regel sind Katzen genügsam, sauber und ruhig, doch es können Verhaltensstörungen auftreten. Wenn Sie sich für ein Kätzchen entscheiden, ist das Risiko geringer, da Sie es von Beginn an an ein korrektes Verhalten im Haus gewöhnen können. Doch auch bei einer älteren Katze gibt es verschiedene Möglichkeiten, mit Verhaltensstörungen umzugehen, vor allem wenn Sie die Ursache herausfinden können. Wenn die Katze beispielsweise in der Vergangenheit misshandelt wurde, ist ihre Angst vor Menschen nur allzu verständlich. Holen Sie sich eine Katze aus einem Tierheim, sollten Sie versuchen, so viel wie möglich von ihrer Geschichte zu erfahren.

5

SOZIALISATION

Sozialisation ist die Anpassung unserer Instinkte an die Welt, in der wir leben. Bei der Katze geht es darum, sie mit den Menschen, anderen Tieren und Dingen in ihrer Umgebung vertraut zu machen. Dies erfordert Übung, viel Liebe und reichlich Geduld.

SELBSTMASSNAHMEN

• Bringen Sie Ihr Kätzchen überall dorthin, wo Sie hin gehen. Stellen Sie ihr so viele neue Menschen, Orte, Ansichten, Geräusche und Gerüche wie möglich vor. Kätzchen sind wie Kinder und brauchen sehr viele Anregungen.

• Spielen Sie so viel wie möglich mit ihr. Die meisten Katzen lieben die Spiele, die ihre natürlichen Instinkte anregen, und genießen das Jagen und Springen.

• Beginnen Sie mit Tag 1. Machen Sie sich klar, dass Sie Ihrer Katze, wenn Sie ihr ein Spielzeug, einen Kratzbaum oder eine Katzentoilette kaufen, auch gleichzeitig beibringen müssen, womit sie spielen, wo sie kratzen und wo sie ihr Geschäft erledigen soll.

• Die beste Möglichkeit, mit der Sozialisation zu beginnen, ist die positive Bestärkung. Beobachten Sie das natürliche Verhalten Ihrer Katze. Versuchen Sie herauszufinden, was sie am liebsten macht. Belohnen Sie »gutes« Verhalten mit speziellem Futter, vielleicht einem Leckerchen, einem Spiel mit ihrem Lieblingsspielzeug oder mit körperlicher Zuwendung wie Bauch- oder Ohrenkraulen.

5

• Negative Bestärkung kann eingesetzt werden, damit sie Dinge unterlässt, die gefährlich sind – Kätzchen lieben es zuweilen, auf Stromkabel zu beißen – oder Ihr Heim verwüsten. Negative Bestärkung kann durch Bespritzen der Katze mit ein wenig Wasser oder ein plötzliches lautes Geräusch, zum Beispiel durch Rasseln einer mit Münzen gefüllten Dose, erfolgen. Bei der Erziehung ist es wichtig, auch den Charakter Ihrer Katze zu berücksichtigen, sonst könnten Sie eher Ängste schüren als ihr Ihre Botschaft vermitteln.

Die Amerikanische Wildkatze gilt als Vorfahrin der domestizierten Hauskatze.

Mit Geduld und Ausdauer können Katzen daran gewöhnt werden, an einem Geschirr zu laufen.

• Wenn Sie sich eine ausgewachsene Katze zulegen, müssen Sie unter Umständen mehr Geduld aufbringen, um auftretende Probleme zu lösen. Sie können beispielsweise auf Posttraumata zurückgehen, von denen Sie nichts wissen. Sie dürfen nicht vergessen, dass der Umzug in ein neues Heim, vor allem wenn dort schon andere Tiere leben, für eine Katze sehr stressig ist.

• Wenn Sie sich für eine reinrassige Katze entscheiden, sollten Sie berücksichtigen, dass es zwischen ihnen bedeutende Unterschiede im Temperament gibt, was auch zu völlig unterschiedlichen Verhaltensstörungen führen kann. Siamkatzen sind von Natur aus sehr aktiv und einnehmend, während die größeren Rassen wie die langhaarigen Perserkatzen eher phlegmatisch und ruhiger sind.

• Den Grund einer Verhaltensstörung zu enträtseln, ist nicht immer einfach. Am besten beginnen Sie damit, Ihren Tierarzt nach einer medizinischen Ursache suchen zu lassen und sie gegebenenfalls zu beheben.

5

ALTERNATIVE THERAPIEN

BACHBLÜTEN
Die Bachblütenmischung Rescue hilft, Stress zu lindern.
Gewöhnlich werden 3-mal täglich je 2 Tropfen direkt ins Maul gegeben. Auch Beruhigungsmittel können verabreicht werden.

ERZIEHUNG

Trotz größter Bemühungen können manche Verhaltensstörungen nicht vermieden werden und erfordern eine Behandlung. Die Möglichkeiten, auf das Verhalten Einfluss zu nehmen, reichen von Bestätigungen, für die Sie meist viel Ausdauer und Geduld benötigen, bis zur tierärztlichen Behandlung mit Beruhigungsmitteln oder Hormonen.

THERAPIE UND SELBSTMASSNAHMEN

• Sie können zu Hause mit positiver Bestätigung (S. 82) erwünschtes Verhalten belohnen oder mit negativer Bestätigung unerwünschtes Verhalten abstellen.

• Wenn Ihre Katze an Möbeln kratzt oder kaut, andere Haustiere angreift, aggressiv auf Sie oder andere Menschen reagiert, müssen Sie vorsichtig versuchen, Sie davon abzuhalten, und zwar mit einem Mittel, das sie nicht ängstigt, sondern ihr Unbehagen bereitet. Manche Katzen reagieren sehr gut auf einen Wasserspritzer, andere auf ein plötzliches lautes Geräusch. Stellen Sie sicher, dass die Katze das laute Geräusch nicht direkt mit Ihnen in Verbindung bringt. Wenn Sie Ihre Katze nicht ansehen, während Sie Lärm schlagen, wird sie nicht Sie, sondern das Geräusch verantwortlich machen.

• Wenn Ihre Katze gerne auf Stromkabeln und Zimmerpflanzen kaut, können Sie diese Bereiche mit Kölnisch Wasser besprühen oder scharfe Pfeffersauce dorthin träufeln, wo sie gerne kaut. Katzen hassen jeden intensiven Parfümgeruch und so ist dies eine gute Möglichkeit, ihr diese schlechte Angewohnheit zu nehmen.

Eine Katze in dieser Haltung, mit
an den Kopf angelegten Ohren, ist
gestresst oder ängstlich.

• Bestrafen Sie Ihre Katze niemals körperlich. Sie wird es Ihnen übel nehmen und nicht vergeben.

• Als letzte Möglichkeit, mit psychologischen Problemen fertig zu werden, bleiben dem Tierarzt Psychopharmaka. Antidepressiva können Ängste in einer Phase der Umgewöhnung reduzieren – verursacht durch ein neues Haustier oder ein Baby, durch einen Umzug oder Feriengäste. Milde Beruhigungsmittel können vom Tierarzt verschrieben werden, um Aggressionen abzubauen.

• Berücksichtigen Sie, dass viele Verhaltensstörungen bei Ihrer Katze hormonell bedingt sind und mit der Fortpflanzung zusammenhängen. Wenn Sie sicher sind, dass Sie keinen Nachwuchs von Ihrer Katze möchten, sollten Sie mit Ihrem Tierarzt über eine Sterilisation oder Kastration sprechen. Gerade bei weiblichen Katzen kann dadurch besessenes Verhalten, das für den Besitzer oft irritierend ist, reduziert werden.

ALTERNATIVE THERAPIEN

HOMÖOPATHIE

Auch wenn es wichtig wäre, Stress von vornherein zu vermeiden, ist dies nicht immer möglich. Wenn Ihre Katze in einem Kampf verletzt wurde, kann *Arnica montana* C6 (Wohlverleih) Linderung verschaffen.

BACHBLÜTEN

Die Bachblütenmischung Rescue, hergestellt aus Cherry Plum (Kirschpflaume), Clematis (Weiße Waldrebe), Impatiens (Drüsiges Springkraut), Rock Rose (Gelbes Sonnenröschen) und Star of Bethlehem (Goldiger Milchstern), hilft bei Stress oder Schock.

5

DIE KATZENTOILETTE

Die Nichtbenutzung der Katzentoilette ist bei Katzen die Verhaltensstörung Nr. 1. Als erstes sollten Sie Ihre Katze vom Tierarzt untersuchen lassen, so dass eine Erkrankung der unteren Harnwege ausge-
schlossen werden kann. Möglich ist auch ein stark vermehrtes Spritzen
von Urin (S. 88). Eine Katze kann die Katzentoilette auch verweigern,
weil sie andere Oberflächen, wie die Küchenarbeitsplatte oder das
Badezimmer, vorzieht. Dies kann ein schwieriges Problem werden.
Haben Sie Geduld und versuchen Sie herauszufinden, warum die Katze
ihre Toilette nicht benutzen will.

URSACHEN

• Wenn Kätzchen mit etwa
5 oder 6 Monaten geschlechtsreif werden, können sie
beginnen, Urin zu spritzen.
Dies ist ein natürliches
Verhalten zur Markierung
des Reviers und hört mit
einer Kastration auf.

• Die Einführung einer neuen
Katze in Ihren Haushalt kann
dazu führen, dass sich eine bis-
her saubere Katze an verschiedenen Örtlichkeiten des Hauses
entleert. Die Katze versucht, ihr
Revier zu markieren, weil sie
sich bedroht fühlt.

Nervöse Katzen benötigen Abgeschie-
denheit, daher ist eine gut versteckte
Katzentoilette zu empfehlen.

• In manchen Fällen ist das Problem nicht sofort zu ergründen. Wenn Sie beispielsweise eine Katzenklappe haben, kann es durchaus sein, dass eine oder
mehrere fremde Katzen von Ihnen unbemerkt ins Haus kommen, dort Urin
spritzen und Ihre Katze verunsichern.

• Für manche ältere Katzen, vor allem für die arthritischen, denen jede Bewegung Schmerzen bereitet, ist es zu schwierig, in die Katzentoilette einzusteigen,
so dass sie ihr Geschäft lieber vor der Toilette erledigen.

SELBSTMASSNAHMEN

• Das Wichtigste ist eine saubere Katzentoilette. Entfernen Sie den Kot täglich, die Katze kehrt sonst nicht auf die Toilette zurück. Die Streu sollten Sie alle 3–5 Tage vollständig auswechseln.

• Benutzen Sie hochwertige Katzenstreu, die bei Nässe nicht verklumpt.

• Wenn Sie eine wilde Katze aufnehmen, können Sie die Toilette mit Gartenkompost füllen.

• Stellen Sie die Toilette an einen ruhigen Ort, an dem die Katze ungestört ihr Geschäft erledigen kann. Besorgen Sie sich eine Abdeckung oder einen Vorhang. Stellen Sie die Toilette nie dorthin, wo die Katze schläft oder frisst.

• Ist die Katze so alt, dass Sie nicht mehr problemlos in die Toilette klettern kann, ist es hilfreich, eine Seite bis auf einen schmalen Rand abzuschneiden, so dass sie einen leichteren Zugang hat. Stellen Sie die Toilette auf Zeitungspapier, um die Streu aufzufangen, die durch die Öffnung herausfällt.

• In einem Haushalt mit mehreren Katzen sollte mindestens eine Toilette für zwei Katzen zur Verfügung stehen.

• Benutzen Sie zur Reinigung bei kleineren Missgeschicken niemals Ammoniak-haltiges Desinfektionsmittel. Katzenurin enthält Ammoniak und die Katze wird den Ort erneut aufsuchen.

> ### Achtung
> Es ist zwar wichtig, die Katzentoilette regelmäßig zu desinfizieren, doch sollten Sie sorgsam darauf achten, alle Chemikalien gründlich auszuwaschen. Verbleiben Sie in der Toilette, können Sie die Katze vertreiben.

Katzen sind sensible Tiere und sie entleeren sich nur dort, wo sie sich auch sicher fühlen. Daher ist nur ein ruhiger Ort der geeignete Platz für eine Katzentoilette.

5

URIN SPRITZEN

Das Spritzen von Urin beginnt vor allem bei gesunden Katern mit der Geschlechtsreife in einem Alter von ungefähr sechs Monaten. Normalerweise urinieren Katzen in der Hocke, doch das Verspritzen erfolgt im Stehen auf vertikale Oberflächen. Draußen verspritzen Katzen Urin auf hervorstehende Stellen. Sie kehren immer wieder an dieselben Orte zurück, um ihre Markierungen zu erneuern. Ein ähnliches Verhalten im Haus ist bei geschlechtsreifen Katern meist unvermeidlich – und sehr unerfreulich, da der Geruch auch mit geeigneten Produkten nur schwer zu entfernen ist. Auch weibliche Katzen können ihren Urin verspritzen, vor allem wenn sie rollig sind. Ihr Urin enthält bestimmte Substanzen, die männliche Katzen aus der Nachbarschaft anlocken.

URSACHEN

• Instinktives Bedürfnis der Katze, ihr Revier zu markieren

• Urin spritzen ist ein normales Verhalten, das aber durch Stress oder Angst verstärkt werden kann.

THERAPIE UND SELBSTMASSNAHMEN

• Die einzig erfolgreiche und anhaltende Lösung bei Katern ist die Kastration – eine relativ einfache Operation, die allerdings unter Narkose erfolgen muss.

• Die beste Zeit zur Kastration hängt von der Größe der jeweiligen Rasse ab, vor allem da viele Katzenbesitzer ausgeprägte Wangen und Unterkiefer lieben, die für die größeren Rassen wie die Britische oder Amerikanische Kurzhaar charakteristisch sind. Die Hautfalten um das Gesicht sind weitere sekundäre Geschlechtsmerkmale, die sich bei Katern während der Pubertät herausbilden. Durch eine zu frühe Kastration können sich die ausgeprägten

Wangen nicht entwickeln.
• Bei kleineren Rassen wie der Siamkatze kann
die Kastration früher erfolgen, da sich ohnehin
keine Wangen bilden.

• Bei weiblichen Katzen löst die Sterilisation
das Problem des Spritzens und verhindert
obendrein unerwünschten Nachwuchs.

• Beachten Sie, dass das Spritzen nicht
unmittelbar nach der Operation aufhört. Bei
älteren Katzen sinkt der Hormonspiegel im Blut
erst nach circa 6 Wochen. Außerdem benötigt die
Katze Zeit, um erlernte Verhaltensmuster zu
vergessen.

• Für sporadisches Spritzen können auch Sie selbst
verantwortlich sein, wenn Sie z. B. mit einer fremden Katze Kontakt hatten, die um Ihre Beine gestrichen ist und dort ihren Geruch hinterlassen hat.
Wenn Ihre Katze ihn bemerkt, kann ihr Instinkt
durchbrechen und sie kann vielleicht ein Stuhlbein
in Ihrer Nähe bespritzen.

• Bei einem Umzug sollten Sie prüfen, ob die vor-
herigen Bewohner eine Katze hatten. Ihre Katze
könnte mit wiederholtem Spritzen reagieren, um
den Geruch ihrer Vorgängerin zu vertreiben. Ver-
meidung ist in einem solchen Fall die einfachste
Lösung. Reinigen Sie jeden Teppichboden gründlich. Das gleiche gilt für Linoleum- und Holz-
böden. Denken Sie daran, dass der Geruchssinn
Ihrer Katze sehr viel besser ist als Ihr eigener.

Die Kastration ist die
einzige Möglichkeit, das
Verspritzen von Urin
anhaltend und erfolgreich
zu vermeiden.

5

ZERSTÖRERISCHES VERHALTEN

Kratzen gehört zum natürlichen Verhalten der Katze. Es hält die Krallen in Form und dient der Markierung des Reviers. Unglücklicherweise kann es auch Ihre Polstermöbel ruinieren. Eine junge Katze knabbert auch gerne an Zimmerpflanzen herum, was nicht nur zerstörerisch ist, sondern für die Katze auch gefährlich werden kann.

SELBSTMASSNAHMEN

• Um die Entwicklung schlechter Kratzgewohnheiten zu vermeiden, sollten Sie einen Kratzbaum kaufen, sobald Sie eine Katze bekommen. Legen Sie reichlich Katzenspielzeug um den Kratzbaum und stellen Sie ihn an einen Ort, den die Katze mag. Verwenden Sie für einen selbst gebauten Kratzbaum locker gewebte Materialien wie etwa Hanf oder umwickeln Sie einen Pfosten mit Teppichboden.

• Versuchen Sie festzustellen, wann die Katze kratzt. Meist ist dies der Fall, wenn Sie aufwacht oder wenn Sie, ihr Besitzer, nach Hause kommen. Stellen Sie den Kratzbaum also in die Nähe ihrer Schlafstätte oder der Haustür.

Ihr Kätzchen wird das Verhalten der Mutter imitieren. Achten Sie also auf ihre Gewohnheiten, bevor Sie eines ihrer Kätzchen kaufen.

5

• Die Mutter Ihres Kätzchens ist seine beste Lehrerin. Fragen Sie also den Besitzer, ob die Mutter den Kratzbaum regelmäßig benutzt.

• Kürzen Sie die Krallen Ihrer Katze regelmäßig alle 3–4 Wochen (S. 60).

LETZTER AUSWEG

• Ihr Tierarzt kann die Krallen mit Kunststoffkappen versehen.

• Möglich ist auch die operative Entfernung der Krallen. Doch damit rauben Sie der Katze einen Teil ihres natürlichen Verhaltens und die Möglichkeit, sich zu verteidigen. Es ist daher besser, die Katze entweder draußen zu halten oder in ein Tierheim zu bringen.

PFLANZEN FRESSEN

• Viele Katzen fressen Gras oder Zimmerpflanzen. Gras ist gut, aber viele Zimmerpflanzen sind giftig (S. 100).

SELBSTMASSNAHMEN

• Besorgen Sie für Ihre Katze sichere, essbare Grünpflanzen.

• Stellen Sie die nichtessbaren Pflanzen dort auf, wo die Katze nicht hinkommt.

• Mithilfe der negativen Bestärkung können Sie Ihrer Katze den Unterschied zwischen essbaren und nichtessbaren Pflanzen beibringen (S. 82). Wenn Sie keine Möglichkeit haben, die Pflanzen außerhalb der Reichweite aufzustellen, können Sie sie mit einer scharfen Pfeffersauce oder mit Kölnisch Wasser beträufeln. Dies sollte die Katze fern halten.

5

AGGRESSION

Die häufigste Ursache von Aggressionen ist die Einführung einer zweiten Katze in den Haushalt. Wenn Sie dies jedoch sorgfältig planen, können Sie sich viel Ärger ersparen. Meist sind Katzen, die aggressiv auf Menschen reagieren entweder sehr verspielt oder aus irgendeinem Grund verstört.

DIE ZWEITE KATZE

• Der Prozess des Kennenlernens sollte sich über 2–3 Wochen hinziehen.

• Halten Sie die Katzen zunächst in verschiedenen Räumen durch eine verschlossene Tür getrennt, bis sie sich an den fremden Geruch gewöhnt haben.

• Führen Sie die Katzen – jeweils an einem Geschirr – in einen Raum. Die Katzen sollten 2–3 Meter voneinander entfernt auf den Schößen von 2 Personen sitzen. Wiederholen Sie diese Sitzungen 2-mal täglich für jeweils 10–15 Minuten.

• Lassen Sie die Katzen los, wenn Sie das Gefühl haben, dass sie sich nicht mehr feindlich gesinnt sind.

Beachten Sie:
• Vermeiden Sie Fluchtmöglichkeiten, wie z. B. eine offene Tür.
• Verbringen Sie viel Zeit mit der Katze, die Sie bereits vorher besaßen.

5

Wenn Sie eine Katze tragen, sollten Sie immer ihre Hinterhand unterstützen, damit sie sich geborgen fühlt. Das ist vor allem für die Katzen wichtig, die es nicht gewohnt sind, getragen zu werden.

AGGRESSIONEN ABBAUEN

• Wenn Ihre Katze plötzlich aggressives Verhalten zeigt, sollten Sie Ihren Tierarzt um Rat fragen. Es kann durch eine Erkrankung verursacht sein, die ihr Schmerzen bereitet, wenn sie angefasst wird.

• Eine Katze aus dem Tierheim kann in der Vergangenheit misshandelt worden sein, so dass sie aggressiv auf Menschen reagiert. Viel Geduld und Umsicht sind in einer solchen Situation angezeigt.

• Sehr verspielten Katzen sollten viel Bewegung ermöglicht und Spielzeuge angeboten werden.

• Die Aggression auf eine andere Katze kann sich auch auf Sie übertragen. Geben Sie Ihrer Katze Zeit und vermeiden Sie Blickkontakt.

• Verwenden Sie nur Tragekörbe, die für Katzen geeignet sind. Sie sollten sowohl sicher als auch gut belüftet sein. Ein Korb, der von oben zu öffnen ist, eignet sich besser zum Be- und Entladen. Nach einer Reise wird Ihre Katze sich schnell beruhigen, wenn Sie vertrauten Boden betreten hat. Es ist nicht nötig, sie zu bedrängen, Ihren Korb zu verlassen. Öffnen Sie nur den Korb und lassen Sie sie selbst herauskommen.

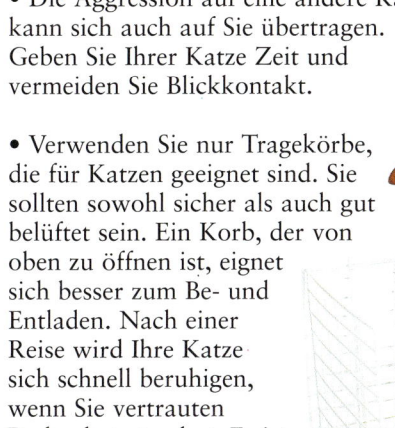

Achtung

Legen Sie den Boden des Tragekorbes dick mit saugfähigem Zeitungspapier aus, wenn Sie Ihre Katze im Auto transportieren. Wenn ihr dann ein Missgeschick passiert, wird ihr Urin keinen unangenehmen Geruch in Ihrem Auto hinterlassen.

ALTERNATIVE THERAPIEN

🔲 HOMÖOPATHIE

Baldrian-Tabletten – vor einer Reise verabreicht – beruhigen nervöse Tiere.

Die Bachblütenmischung Rescue hilft, Ängste abzubauen.

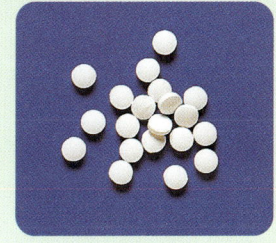

5

BESESSENES VERHALTEN

K atzen sind vor allem Gewohnheitstiere. Sie lieben stabile und ruhige Verhältnisse und keinen hektischen Lebensstil. Sie benötigen eine gewisse Routine. Wenn eine Katze beginnt, bestimmte Dinge mit Besessenheit zu betreiben, können Sie davon ausgehen, dass die Ursachen meist psychologischer Natur sind – die Katze ist gestresst oder ängstlich. Besessenes Verhalten zeigt sich oft, wenn mehrere Katzen zusammenleben, oder bei reinrassigen Katzen, die meist empfindlicher sind.

ARTEN DER BESESSENHEIT

• Wolle kauen: Ausgewachsene Siam- oder Burmakatzen beginnen manchmal an Wollpullovern oder ähnlichen Materialien herumzukauen oder zu saugen. Folgende Ursachen sind möglich: Sie wurden zu früh entwöhnt, in ihrer Ernährung fehlen pflanzliche Ballaststoffe, sie sind einfach nur gestresst. Manchmal zerkauen sie ganze Pullover oder Decken – ein kostspieliges Problem.

• Übertriebenes Putzen auch als Endokriner Haarausfall bezeichnet. Auch diese Verhaltensstörung tritt meist bei ausgewachsenen Siamkatzen auf. Achten Sie auf haarlose Stellen, vor allem in der Leistengegend und am Hinterteil. Die Katze putzt sich dort wie besessen und zupft sich ihr Fell aus.

SELBSTMASSNAHMEN

• Zur Bekämpfung des Wollkauens können Sie die Ernährung durch frisches, rohes Gemüse oder essbare und speziell für Ihre Katze geeignete Pflanzen anreichern. Manche Tierhandlungen verkaufen stark Raufutterhaltige Pflanzen. Sie können ihr auch Streifen zähen Fleisches anbieten, damit sie etwas zum Kauen hat.

• Versuchen Sie verschiedene Methoden, um ihr Verhalten zu ändern (S. 84). Spielen Sie viel mit Ihrer Katze und schenken Sie ihr mehr Aufmerksamkeit und viel Lob für gutes Verhalten.

5

Schenken Sie Ihrer Katze in möglicherweise stressigen Zeiten zusätzliche Liebe und Zuwendung.

Achtung

Wenn Ihre Katze Gras frisst und Ihnen dieses Verhalten zwanghaft erscheint, kann es das Anzeichen eines gesundheitlichen Problems sein (S. 28). Verstärktes Gras fressen deutet darauf hin, dass eine Verstopfung, etwa durch einen Haarballen, vorliegt.

• Verwenden Sie mehr Zeit auf die Pflege Ihrer Katze. Bürsten Sie sie ausgiebig. Sie können ihr auch Abführmittel verabreichen, um die Bildung von Haarballen zu verringern, die durch das besessene Putzen entstehen.

• Versuchen Sie herauszufinden, ob es in der Umgebung der Katze etwas gibt, was sie stresst oder ängstigt. Die Katze kann sich durch eine fremde Katze in der Nachbarschaft, eine neue Katze oder auch ein Kind im Haus bedroht fühlen.

• Bringen Sie die Katze zum Tierarzt, damit er eine medizinische Ursache wie eine Flohallergie oder hormonelles Ungleichgewicht ausschließen kann.

• Als letzte Möglichkeit können Sie mit Ihrem Tierarzt über Medikamente sprechen, die zum Stressabbau geeignet sind (S. 84).

5

JAGEN

Katzen verspüren eine instinktive Lust zur Jagd, auch wenn sie bei einigen Rassen stärker ausgeprägt ist als bei anderen. Über viele Generationen hinweg gezüchtete reinrassige Katzen verspüren kaum noch Jagdinstinkt. Durch Domestizierung und regelmäßige Mahlzeiten gibt es für die meisten Katzen heute keine Notwendigkeit mehr zu jagen. Häufig bieten Katzen ihre Beute als Geschenk an.

Achtung

Wenn Sie in der Lage sind, einen Vogel oder ein anderes Lebewesen aus den Klauen Ihrer Katze zu befreien, denken Sie daran, dass das Tier unter Schock steht. Bringen Sie es an einen dunklen Ort und fragen Sie Ihren Tierarzt um Rat. Die Tiere sehen meist erbärmlich aus, auch wenn die Verletzungen nicht ernst sind. Oft verursachen die Bakterien, die durch den Biss der Katze in den Körper gelangen, eine tödliche Blutvergiftung.

5

SELBSTMASSNAHMEN

Neben dem Einsperren im Haus gibt es nur sehr wenige Möglichkeiten, eine Katze von der Jagd abzuhalten. Die Kastration oder Sterilisation kann den Jagdinstinkt ein wenig reduzieren. Allerdings können Sie verschiedene Maßnahmen ergreifen, um die Erfolgsquote Ihrer Katze zu senken und der angepeilten Beute eine Chance zu geben.

• Legen Sie Ihrer Katze ein elastisches Halsband mit einer Glocke um, so wird die Beute gewarnt. Das Halsband sollte unbedingt elastisch sein, so dass die Katze nicht an einem Ast hängen bleiben kann.

• Wenn Sie in Ihrem Garten Vögel füttern wollen, hängen Sie das Futter auf dünne Zweige, die die Katze nicht erreichen kann. Verteilen Sie das Futter nie auf dem Rasen – das provoziert nur Ärger.

• Manche Lebewesen, mit denen die Katze spielt, wenn sie sie erbeutet hat, können für sie gefährlich werden. Kätzchen spielen gerne mit Wespen oder Bienen, von denen sie gestochen werden können. Kröten können durch ihre Haut Giftstoffe ausstoßen, und bei giftigen Schlangen laufen Katzen Gefahr, gebissen zu werden. In solchen Fällen ist unverzügliche tierärztliche Hilfe notwendig.

ERSTE HILFE

Um die Gesundheit Ihrer Katze und Ihrer Familie zu erhalten, sind einige Vorsorgemaßnahmen und Kenntnisse nötig. Es ist immer hilfreich, sich eine Erste-Hilfe-Ausrüstung zuzulegen, sich Erste-Hilfe-Techniken anzueignen und sich mit Giften vertraut zu machen. Stellen Sie eine Liste mit Notfallnummern zusammen, auf denen Sie auch die Telefonnummer Ihres Tierarztes sowie eines 24-Stunden-Notfalldienstes finden. Halten Sie mit Ihrem Tierarzt Rücksprache, bevor Sie Ihrer Katze Medikamente geben, und geben Sie ihr niemals solche, die für Menschen geeignet sind. Wenn Ihre Katze unter einer chronischen Erkrankung wie Diabetes oder Leukämie leidet, sollten Sie jede Medikation und wichtige Tatsachen über ihre Verfassung schriftlich festhalten.

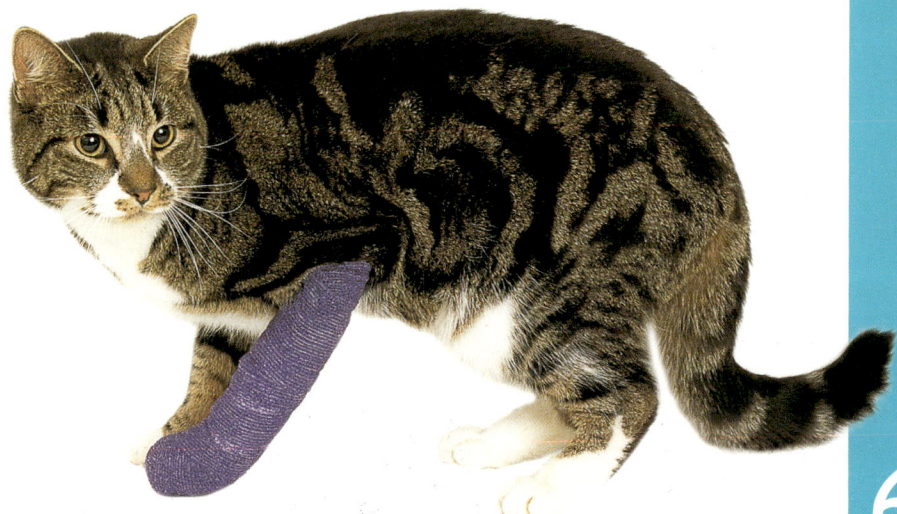

GEBURT UND AUFZUCHT

Im Allgemeinen ist es besser, sich ein Kätzchen von einem Züchter oder aus dem Tierheim zuzulegen, da es immer zahlreiche Katzen und Kätzchen gibt, die ein Zuhause suchen. Natürlich kann es auch passieren, dass Ihnen eine trächtige Katze zuläuft. In den meisten Fällen werfen Katzen problemlos. Doch gelegentlich kann es zu Komplikationen kommen, in denen schnelle Hilfe notwendig ist, um Leib und Leben der Mutter und ihres Nachwuchses zu retten. Eine normale Schwangerschaft dauert durchschnittlich 64 Tage. Bieten Sie Ihrer Katze gegen Ende der Schwangerschaft ein ruhiges Plätzchen an, an dem sie gebären kann. Lassen Sie sie nicht mehr nach draußen, denn dort ist es schwieriger, ihre Gesundheit und die ihrer Kätzchen im Auge zu behalten. Es kommt vor, dass eine Mutter ihren Wurf aus medizinischen oder psychischen Gründen nicht annimmt.

AUFZUCHT VERWAISTER KÄTZCHEN

• In den ersten 2 Wochen können Kätzchen ihre Körpertemperatur noch nicht regulieren und müssen bei 24–27 °C warm gehalten werden.

• In der ersten Woche muss alle paar Stunden gefüttert werden. Es gibt Fertignahrung, Sie können sie aber auch selbst herstellen: Mischen Sie 220 ml Frischmilch, ein Ei, 2 EL Honig und Zusätze an Mineralien und Vitaminen. Erwärmen Sie die Milch auf Körpertemperatur (37 °C).

> **Achtung**
> Häufige Mahlzeiten und viel Wärme sind in den ersten Lebenswochen eines Kätzchens lebenswichtig.

• Sie können Tropfpipetten oder Saugflaschen verwenden. Es gibt Saugfläschchen für Kätzchen, die verhindern, dass Luftbläschen in den Magen gelangen.

• Die meisten Kätzchen wiegen bei der Geburt zwischen 50 und 100 g. Sie benötigen innerhalb von 24 Stunden etwa 8 ml pro 25 g Körpergewicht. Teilen Sie diese Menge in kleinere Mahlzeiten auf (alle 3–4 Stunden).

• Später sind Fütterungen alle 6–8 Stunden ausreichend. Wenn die Kätzchen nach 3–4 Wochen Zähne bekommen, können Sie Ihnen kleine Mengen Dosenfutter mit Milch vermischt anbieten. Nach 8 Wochen sollten sie vollkommen entwöhnt sein.

UNTERKÜHLUNG

Dank ihres dichten Fells können Katzen auch bei größerer Kälte überleben. Allerdings gibt es hierbei bedeutende Unterschiede zwischen den Rassen. Die Main Coon etwa ist mit ihrem dichten Unterfell gut gegen Kälte gewappnet. Die Rassen dagegen, die aus den tropischen Bereichen dieser Welt stammen, haben dünneres Fell. Gelegentlich können Katzen dennoch unter Unterkühlung leiden – ein Problem, das nicht nur auftritt, wenn es draußen kalt ist. Sie können an ihren Extremitäten auch Frostbeulen bekommen – an Ohren, Pfoten und Schwanz.

URSACHEN

• Unterkühlung kann das Anzeichen eines ernsten Schocks sein. Wenn Sie eine bewusstlose Katze finden, kann die Unterkühlung bereits eingesetzt haben. Messen Sie ihre Temperatur. Die normale Körpertemperatur liegt bei 39 °C. Es ist natürlich wichtig, die Ursache des ursprünglichen Schocks zu finden, daher sollten Sie unverzüglich Ihren Tierarzt aufsuchen.

• Es kann auch zu einer Unterkühlung kommen, wenn eine Katze in kaltes Wasser gefallen ist. Ihr Unterfell hat die Isolationsfunktion verloren, da das Wasser die isolierende Luft verdrängt hat.

THERAPIE UND SELBSTMASSNAHMEN

• Frottieren Sie die Katze mit einem Handtuch, um ein Lebenszeichen zu erhalten. Bringen Sie die Katze so schnell wie möglich in eine warme Umgebung. Allerdings darf die Temperatur nicht zu hoch sein, da sich dadurch der Schockzustand verschärft. Allmähliches Aufwärmen ist sinnvoller.

• Spezielle Wärmekissen – erhältlich in Tierhandlungen – die unter das Katzenbett passen, bieten eine gute Wärmequelle. Bedecken Sie die Katze mit Decken oder Handtüchern, bis ihre Körpertemperatur wieder angestiegen ist. Benutzen Sie niemals Wärmflaschen mit heißem Wasser. Sie können der Katze Verbrennungen zufügen, da sie nicht in der Lage ist, sich zu bewegen.

• Tauchen Sie Pfoten mit Frostbeulen in warmes – nicht heißes – Wasser. Pfoten können sehr weh tun, wenn sie sich erwärmen, seien Sie daher vorsichtig.

6

GEFAHREN IM HAUSHALT

Im Haushalt gibt es zahlreiche Gefahren für eine Katze. Katzen sind von Natur aus neugierig und abenteuerlustig und sie wollen alles probieren und an allem herumkauen. Behalten Sie dies immer im Hinterkopf, wenn Sie Ihre Zimmerpflanzen und Dekorationen aussuchen und platzieren oder elektrische Kabel verlegen. Ferner sind zahlreiche Haushaltsmittel für Katzen giftig. Geben Sie Ihrer Katze keine Medikamente, die nicht für Haustiere bestimmt sind, und lassen Sie sie nicht herumliegen

GEFÄHRLICHE ZIMMERPFLANZEN

• Katzen werden selten ernsthaft krank, wenn sie an Zimmerpflanzen kauen, doch sie schaden ihnen dennoch. Zu den schädlichen Zimmerpflanzen zählen u. a. Azaleen, Fingerhut, Alpenveilchen, Kletterpflanzen und Weihnachtssterne. Katzen erbrechen häufig, nachdem sie auf Pflanzen herumgekaut haben. Das ist völlig normal. Nur schweres und ständiges Erbrechen gilt als gefährliches Symptom (S. 28).

• Stellen Sie Zimmerpflanzen möglichst außerhalb der Reichweite auf und bieten Sie Ihrer Katze mit frischen grünen Kräutern, wie etwa Petersilie, Alternativen an, auf denen sie herumkauen kann.

GEFÄHRLICHE FEIERTAGE

• Andere Gefahren erwarten die Katzen an den Feiertagen. Teile von Weihnachtsschmuck können den Magen perforieren. Katzen lieben es, an Schnüren, Bändern und Flitter herumzuknabbern. Wenn diese verschluckt werden, können sie Schmerzen im Verdauungstrakt verursachen. Außerdem können auch die Nadeln der Weihnachtsbäume den Magen perforieren oder in Maul oder Kehle stecken bleiben.

• Widerstehen Sie der Versuchung, Ihre Party-Snacks mit Ihrer Katze zu teilen; Schokolade etwa ist giftig für diese Tiere. Andere Gefahren stellen Feuerwerk, ein ständiger Besucherstrom für Partys sowie jede Art von Stress dar. Halten Sie Ihre Katze sicher im Haus und fern ab von der Haustür.

Die Neugierde der Katzen treibt sie häufig an völlig ungewöhnliche Orte. Prüfen Sie daher immer Wasch-maschine oder Trockner, bevor Sie sie in Gang set-zen, ob nicht Ihre Katze sich dort gemütlich eingerichtet hat.

VERGIFTUNG

• Viele der rezeptfreien Medikamente für Menschen, wie z. B. Aspirin, sind für Katzen giftig, da ihnen Enzyme fehlen, um sie verdauen zu können. Anzeichen einer Vergiftung sind vermehrter Speichelfluss, Erbrechen und Schwäche. Ge-ben Sie Ihrer Katze niemals Ihre eigenen Medikamente und bewahren Sie sie an einem sicheren Ort auf, den die Katze nicht erreichen kann.

• Zahlreiche Insektenbekämpfungsmittel sind giftig. Eine Vergiftung macht sich durch vermehrten Speichelfluss, tränende Augen, Erbrechen, heftiges Wasserlassen und Durchfall bemerkbar. Baden Sie Ihre Katze in warmem Wasser mit etwas Seife, um das Insektizid zu entfernen. Benut-zen Sie bei Katzen niemals Flohmittel für Hunde. Sie können giftig sein. Be-nutzen Sie für Haustiere keine Sprays, die für Haus und Garten geeignet sind. Verwenden Sie biologische und ungiftige Methoden, um Insekten zu bekämpfen.

Achtung

Manche Pflanzen finden zu Weihnachten oder ande-ren Feiertagen ihren Weg ins Haus. Die folgenden sind giftig, auch wenn sie nicht wirklich gefährlich sind: Weihnachtsstern, Efeu und Mistel.

6

GEFAHREN IM GARTEN

Katzen legen weite Strecken zurück, wenn sie draußen sind, so dass Sie sie dort nicht so gut überwachen können wie im Haus. Wenn Sie dennoch die möglichen Gefahren abschätzen, sind Sie nicht nur in der Lage, sie in Ihrem Garten zu vermeiden, sondern können auch bei aufgetretenen Problemen angemessen reagieren.

GEFÄHRLICHE PFLANZEN

• Katzen kauen normalerweise auf Pflanzen, im Haus sowie im Garten, und fressen Gras, weil sie sich von Haarballen befreien möchten. Einige Pflanzen liefern ihnen auch Ballaststoffe und Mineralien sowie zusätzliche Vitamine. Doch es gibt Pflanzen, die giftig oder tödlich sein können. Solche Pflanzen sollten Sie in Ihrem Garten tunlichst vermeiden.

• Zu den giftigen Gartenpflanzen gehört auch die Japanische Kirsche. Sie enthält ein möglicherweise tödlich wirkendes Herzgift. Herzversagen kann die Folge sein. Bereits eine Giftdosis von einer Promille des Körpergewichts kann

tödlich sein. Rhododendron, Fingerhut und Nachtschattengewächse sind ebenfalls giftig – glücklicherweise hält sich die Katze meist instinktiv von ihnen fern.

• Bieten Sie Ihrer Katze sichere Pflanzen zum Knabbern an – Kräuter wie Petersilie oder Katzengras.

GARTENGEFAHREN

• Katzen lieben es, Grillreste zu untersuchen, und laufen Gefahr, an spitzen Knochen zu ersticken oder sich auf dem Grill zu verbrennen. Oft reißen sie auch ihrem Geruchssinn folgend Mülltüten auf und können sich an scharfen Kanten oder Scherben schneiden.

6

Wenn Ihre Katze frei in der Nachbarschaft herumstreunen darf, können Sie nur wenig tun, um für ihre Sicherheit zu sorgen. Doch in jedem Fall können Sie Ihren Garten zu einem sicheren Ort machen.

GEFAHREN IM WINTER

Der Winter bringt seine eigenen Gefahren für Haustiere und daher sind auch spezielle Vorkehrungen notwendig, um sie zu schützen.

• Wenn Ihre Katze keinen Zugang zu sauberem, ungefrorenem Wasser hat, wird sie trinken, was immer sie findet. Dies können auch gefährliche Haushaltschemikalien oder Frostschutzmittel sein. Letzteres ist besonders gefährlich, weil der süßliche Geruch die Katzen anzieht. Der Hauptbestandteil ist Ethylenglycol, ein reines Nerven- und Nierengift. Anzeichen der Vergiftung sind Depression, Koordinationsmangel, Erbrechen und Anfälle. Bringen Sie Ihre Katze unverzüglich zu einem Tierarzt, da die Vergiftung tödlich verläuft, wenn die Katze nicht innerhalb von 2 Stunden nach der Einnahme behandelt wird. 2 TL Frostschutzmittel reichen aus, um eine Katze zu töten.

• Bewahren Sie alle Gifte nur gut verschlossen auf. Wischen Sie verschüttetes Gift sofort auf und werfen Sie alles, was Sie dazu benutzt haben, auf direktem Weg in die Mülltonne.

6

VERKEHRSUNFALL

Unsere Straßen sind heute befahrener denn je. Katzen sind aus verschiedenen Gründen besonders gefährdet, u. a. auch weil sie sich gerne unter Autos verstecken. Wenn Sie den Verdacht haben, dass Ihre Katze von einem Auto angefahren wurde oder den Unfall beobachten, sollte sie unbedingt von einem Tierarzt untersucht werden. Es ist möglich, dass angefahrene Katzen keinerlei äußere Zeichen einer Verletzung zeigen.

Achtung

Katzen werden meist nachts überfahren. Halten Sie Ihre Katze daher nachts besser im Haus. Versuchen Sie, Ihre Katze bereits als Kätzchen daran zu gewöhnen, ins Haus zu kommen, bevor es dunkel wird. Mit ein bisschen Glück wird die Katze später um diese Zeit von alleine nach Hause kommen.

URSACHEN

• Katzen haben keinen Verkehrssinn. Wenn eine Katze nahe der Straße plötzlich in Angst gerät, wird sie instinktiv quer über die Straße laufen, ohne sich der Gefahr bewusst zu sein.

• Nachts werden Katzen durch Scheinwerfer geblendet und bleiben wie angewurzelt stehen. Besonders gefährdet sind Katzen, wenn sie rollig sind. Es gibt keine Möglichkeit, Ihre Katze zu erziehen, nicht über die Straße zu laufen, aber Sie können sie mit einem elastischen und reflektierenden Halsband für die Autofahrer sichtbar machen.

Katzen sitzen oft unter Autos und springen völlig unerwartet auf die Straße.

Wenn eine Katze nachts auf Jagd geht, kann sie leicht von herannahenden Scheinwerfern geblendet werden. Sie ist dann nicht mehr in der Lage, etwas zu sehen.

SELBSTMASSNAHMEN

• Viele Katzen sterben bei Verkehrsunfällen, doch einige überleben scheinbar unversehrt. Dennoch ist es wichtig, sie ohne Verzögerung durch Ihren Tierarzt untersuchen zu lassen, da innere Verletzungen wie etwa abgesplitterte Knochen möglich sind. Die Verletzungen können schwer oder gar lebensbedrohend sein, wenn sie undiagnostiziert bleiben. Auch wenn die Katze unbeschadet aus einem Unfall hervorgeht, wird sie ängstlich sein und braucht viel Zuwendung.

• Heben und bewegen Sie Ihre Katze sehr vorsichtig, wenn Sie sie zum Tierarzt bringen. Benutzen Sie eine Decke oder ein Handtuch als kleine Tragebahre. Legen Sie vorsichtig eine Decke über die Katze. Tragen Sie sie zum Auto, indem Sie die Decke an allen Enden festhalten und legen Sie die Katze vorsichtig auf den Sitz, ohne ihre Position zu verändern oder ihre Wirbelsäule zu belasten.

• Sie können die Katze auch vorsichtig in eine kleine stabile Schachtel legen. Verwenden Sie keine Kissen, weil die Katze darauf nicht gerade liegen kann.

• Ihre verletzte Katze kann Sie beißen – eine normale Reaktion auf den Stress. Seien Sie daher vorsichtig oder bedecken Sie Ihren Kopf mit einem Handtuch.

• Teilen Sie Ihrem Tierarzt vorher telefonisch mit, dass Sie auf dem Weg sind. Zu einer ungewöhnlichen Uhrzeit sollten Sie zunächst in der Praxis anrufen.

• Eine Katze kann unter Schock geraten, nachdem sie von einem Auto angefahren worden ist – sie fühlt sich kalt an und ihr Atem ist beschleunigt. Versuchen Sie, die Katze warm und bequem zu halten, bis Sie den Tierarzt erreichen.

6

SCHNITTE, KRATZER, WUNDEN

Katzen leiden selten unter oberflächlichen Hautverletzungen, weil ihr Fell, vor allem das dichte Unterfell, eine starke Schutzbarriere darstellt. Stacheldraht jedoch kann ihnen gefährlich werden und die Haut aufreißen. Kratzer können als Folge von Kämpfen gelegentlich auftreten, sind aber verglichen mit Abszessen, die durch infizierte Bisswunden entstehen, eher selten.

THERAPIE UND SELBSTMASSNAHMEN

• Reinigen Sie die Wunde mithilfe eines Wattebausches mit warmem Wasser und einer antiseptischen Seife. Erneut mit Wasser auswaschen. Entfernen Sie mit einer Schere die umliegenden Haare.

• Schützen Sie sich selbst, wenn Sie eine verletzte Katze behandeln. Wenn Sie glauben, die Katze könnte Sie beißen, weil sie verletzt oder verängstigt ist, wickeln Sie ihren Kopf – nicht zu fest – in ein Handtuch ein.

• Untersuchen Sie die Verletzung. Eine sehr tiefe Wunde bedecken Sie mit Mull. Legen Sie dann einen Verband an und bringen Sie die Katze zum Tierarzt. Wenn die Wunde nicht zu tief ist, lassen Sie sie bis zum nächsten Morgen verbunden. Nehmen Sie dann den Verband ab und betrachten Sie die Wunde erneut. Eventuell wird der Tierarzt Antibiotika verschreiben, um eine Infektion zu vermeiden.

• Auch wenn die Wunde eine Kruste gebildet und der Heilungsprozess begonnen hat, sind noch Komplikationen möglich. Zu dieser Zeit beginnt die Wunde zu jucken und die Katze kann die Kruste wieder abkratzen, so dass die Wunde erneut zu bluten beginnt. Um sie daran zu hindern, an ihrer Wunde zu kratzen, kann der Tierarzt ihr einen Kragen verpassen, den die meisten Katzen jedoch hassen.

• Beobachten Sie den Verlauf der Heilung. Suchen Sie den Tierarzt auf, wenn die Wunde nicht angemessen heilt und die Katze andere Anzeichen einer Erkrankung zeigt.

Ein Kragen macht es der Katze unmöglich, die Wunde zu erreichen. Doch sie wird mit ihm nicht glücklich sein.

6

Zwar haben Katzen einen bewundernswerten Gleichgewichtssinn, doch ihre Abenteuerlust bringt sie immer wieder in Gefahren, z. B. wenn sie auf einen Zaun klettern.

ALTERNATIVE THERAPIEN

⊠ HEILPFLANZEN

Calendula-Lotion, 6 Tropfen in 30 ml Wasser, lindert den Schmerz. Auf der Wunde auftragen, mit Mull bedecken und mit einem Verband befestigen.

Eine Salbe aus Ringelblume und Johanniskraut unterstützt die Heilung bei kleineren Wunden. Auf die Wunde auftragen und diese an der Luft trocknen lassen.

▢ HOMÖOPATHIE

Calendula X6 wird häufig bei oberflächlichen Wunden empfohlen. 2 Gaben täglich unterstützen die Heilung.

Arnica verhindert blaue Flecken.

Bei einer infizierten Wunde unterstützt *Hepar sulfuris* den Ausstoß von Eiter.

Rescue-Notfalltropfen unterstützen die Genesung und lindern Schmerzen.

6

FRAKTUREN

Die häufigste Ursache für gebrochene Knochen sind bei Katzen Verkehrsunfälle. Dabei lassen sich die meisten Frakturen in drei Typen klassifizieren. Eine Haarriss-Fraktur, bei der der Knochen einen kleinen Riss aufweist und einfache Frakturen (glatte Brüche) sind zwar nicht harmlos, haben aber gute Aussichten auf Heilung. Der ernstere und leicht zu erkennende Bruch ist die komplizierte Fraktur, bei der ein Teil des Knochens durch die Haut gestoßen wird und frei liegt.

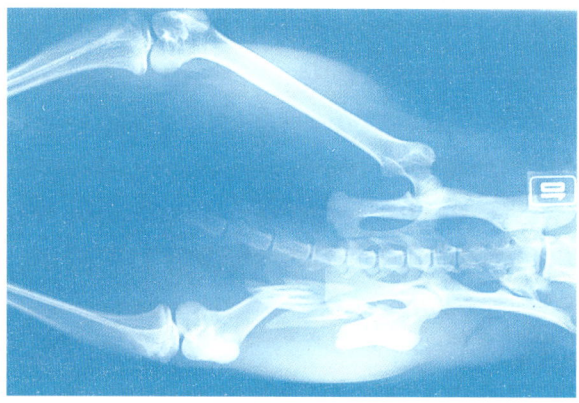

Dieses Röntgenbild zeigt einen gebrochenen Oberschenkelknochen. Der Bruch wird von selbst heilen, doch es wird einige Wochen dauern.

THERAPIE UND SELBSTMASSNAHMEN

• Wenn Sie den Verdacht haben, dass Ihre Katze einen Knochen gebrochen hat, muss sie so schnell wie möglich zum Tierarzt. Beachten Sie die Angaben zum Transport einer verletzten Katze (S. 105). Die gebrochene oder verletzte Seite sollte oben liegen und wenn möglich unterstützt werden. Möglicherweise steht die Katze unter Schock, so dass es wichtig ist, sie warm zu halten.

• Ist ein Bein gebrochen und der Weg zum Tierarzt ist weit, sollten Sie eine Schiene anfertigen. Nehmen Sie dazu einige Blätter Zeitungspapier oder kleinere Handtücher. Wickeln Sie sie um den Bruch sowie etwas ober- und unterhalb und legen Sie dann einen festen Verband an. Legen Sie jedoch nur dann eine Schiene an, wenn es unbedingt notwendig ist.

• Der Tierarzt wird – möglicherweise unter örtlicher Betäubung – das verletzte Körperteil röntgen. Manchmal ist es möglich, die Fraktur sofort zu richten.

• Frakturen an den Beinen können mit Kunststoffverbänden, Drähten, Nägeln oder Metallplatten behandelt werden.

• Geben Sie Ihrer Katze zusätzliches Kalzium, da ein eventueller Kalziummangel die Heilung verlangsamt.

TIERANGRIFFE

Katzen sind generell in der Lage, in Bezug auf andere Tiere auf sich selbst zu achten, dennoch können sie gelegentlich durch Hunde, Füchse oder gar Igel verletzt werden. Die häufigsten Verletzungen jedoch stammen von anderen Katzen, und zwar aus Revierkämpfen in Haus oder Garten. Es ist sehr schwierig, direkt nach einem Kampf mit einer anderen Katze kleinere Wunden unter dem Fell zu entdecken. Katzen-Aids und Katzenleukämie sind zwei Krankheiten, die durch einen Kampf übertragen werden können. Bisswunden stellen die häufigste Art der Übertragung von Katzen-Aids dar.

Achtung

In vielen Teilen der Welt bilden Schlangen eine große Gefahr für Katzen. Doch wenn Sie nicht anwesend sind, wenn Ihre Katze gebissen wird, ist der Grund für ihren plötzlichen Zusammenbruch auch nicht erkennbar. Unter diesen Umständen ist eine tierärztliche Notfallbehandlung lebenswichtig. Wenn Sie eine Schlange sehen, sie aber nicht identifizieren können, versuchen Sie sie dem Tierarzt zu beschreiben, um es ihm zu vereinfachen, Ihre Katze effektiv zu behandeln.

THERAPIE UND SELBSTMASSNAHMEN

• Reinigen Sie die Wunde 1- bis 2-mal täglich mit einem Desinfektionsmittel, um eine Infektion zu vermeiden. Manche Wunden heilen problemlos, bei anderen können sich Abszesse bilden (S. 62).

• Ein Abszess bildet sich etwa 3–7 Tage nach einem Kampf. Meistens muss er vom Tierarzt geöffnet werden.

• Wespen, Bienen und andere stechende Insekten (S. 64) bilden eine Gefahr in den Sommermonaten. Katzen empfinden auch Kröten als unwiderstehliche Beute, weil sie sich langsam bewegen und leicht zu fangen sind. Im Maul der Katze beginnt die Kröte Giftstoffe auszustoßen, die zu schäumen beginnen und die Katze zwingen, das Tier auszuspucken. Spülen Sie das Maul Ihrer Katze, wenn möglich, mit Wasser aus.

• Geben Sie der Katze zusätzlich zum Futter 2-mal täglich 250 mg Vitamin C.

6

ERTRINKEN

Auch wenn Katzen Wasser hassen, sind sie tatsächlich relativ gute Schwimmer. Dennoch können sie in Schwierigkeiten geraten, wenn sie in Wassertonnen, Schwimmbäder oder Gartenteiche fallen. Ist eine Katze einmal ins Wasser gefallen und findet sie keine Möglichkeit herauszuklettern, gerät sie, vor allem wenn das Wasser so tief ist, dass sie nicht herausspringen kann, schnell in Panik und kann ertrinken.

THERAPIE UND SELBSTMASSNAHMEN

• Wenn Sie eine ertrinkende Katze retten, ist sofortige Hilfe notwendig, vor allem wenn sie kaum noch atmet. Halten Sie die Katze an ihren Hinterläufen, gerade oberhalb der Gelenke, und schwingen Sie sie vorsichtig von einer Seite zur anderen, um das Wasser aus den Lungen zu entfernen. Legen Sie die Katze hin und achten Sie darauf, dass der Kopf, wenn möglich, etwas tiefer als der Körper liegt. Nichts darf die Atmung behindern. Legen Sie die Katze nun auf die rechte Seite und massieren Sie den Brustkorb mit sanftem Druck. Auf diese Weise können Sie verhindern, dass die Atmung aussetzt.

• Wenn Sie sicher sind, dass die Atmung wieder normal ist, können Sie die Katze vorsichtig mit einem Handtuch trocken rubbeln. Es ist möglich, dass die Katze unter Schock steht. Halten Sie sie warm und gönnen Sie ihr Ruhe. Zögern Sie nicht, den Tierarzt aufzusuchen.

6

NÜTZLICHE ADRESSEN

ALLGEMEINE KATZENFREUNDE RHEIN-MAIN E. V.
Sudetenstraße 20
64859 Eppertshausen
Telefon & Fax 0 60 71 / 3 53 20
E-Mail akrm@web-culture.com

BUND FÜR KATZENZUCHT UND KATZENSCHUTZ E. V.
Eichenweg 4
31535 Neustadt
Telefon 0 50 32 / 37 02
Fax 0 50 32 / 6 45 61

CATS VEREIN DER KATZEN-FREUNDE E. V.
Birkenstraße 15
61203 Reichelsheim
Telefon 0 60 35 / 9 20 48
Fax 0 60 35 / 92 04 81

DIE WELT DER KATZE E. V.
Neustraße 2
56412 Girod-Kleinholbach
Telefon & Fax 0 64 85 / 81 69

DEUTSCHER RASSEKATZEN VEREIN E. V.
Pohlstraße 28
10785 Berlin
Telefon 0 30 / 2 61 66 11
Fax 0 30 / 2 62 72 91

KATZENFREUNDE GERMANIA E. V.
Tiroler Straße 101
60596 Frankfurt
Telefon 0 69 / 63 94 83
Fax 0 69 / 6 31 27 02
E-Mail Rita.Weis@kfg.de

KATZENVEREIN BEROLINA E. V.
Schlossstraße 4
12165 Berlin
Telefon & Fax 0 30 / 8 34 63 89

ÖSTERREICHISCHER ROYAL CAT CLUB E. V.
Absbergg 25 / 12 / 1 / 8
A-1100 Wien
Telefon & Fax 00 43 / 16 03 52 42

ROYAL-CATS-CLUB-SWISS E. V.
Romanshornerstraße 102
CH-8280 Kreuzlingen
Telefon 0231 / 10 56 88
Fax 0041 / 16 88 43 82
E-Mail royal-cat-club-swiss@bluewin.ch

VERBAND DEUTSCHER KATZENFREUNDE E. V.
Postfach 80 11 05
51011 Köln
Telefon & Fax 02 21 / 68 32 79
E-Mail VDEV@t-online.de

KATZEN IM INTERNET:

http://www.katzeninfo.de
Die Katzeninfothek – Ernährung, Gesundheit, Buchtipps und Zucht

http://www.katzen-online.de
Das Online-Magazin für Katzen-liebhaber – Erklärungen, Tipps und Katzengeschichten

http://www.tierfreund.de
Der Tierfreund – Wissenschaft, Tier-schutz, Ärzte & Kliniken, Naturheil-kunde

http://www.tiermedizin.de
Tiermedizin in Deutschland – Infor-mationen aus der Tiermedizin, Tier-haltung und Tierzucht

6

REGISTER

BILDNACHWEIS
o = oben, u = unten, l = links, r = rechts, M = Mitte

1–5, 7 l 38–40 o, 41, 43 o, 44 l, 52 o, 56 o, 57 l, 63, 65, 70, 85 o, 87, 92 u, 93 o, 96 u, 111 David King; 6, 102 Sally Anne Thompson/Animal Photograhy; 7 r, 18 u, 75 David Jordan; 8o, 21, 46 u, 49 o, 59 u Iain Bagwell; 8 u, 13 u, 17 u, 23 u, 24 l, 27 or, M, u, 29 l, r, 31, 33 l, 35 u, 40 u, 43 u, 45, 51 l, 52 ur, 55 u, 56 l, 57 o, 69, 71, 85 u, 93u Andrew Sydenham; 11, 33 o, 36 Renee Stockdale/Oxford Scientific Films; 12 Andrew Linscott/RSPCA Photolibrary; 13 o, 14, 26, 27 ol, 48 l, 50 l, 60, 61, 68, 72, 81, 83, 84, 86, 88, 91, 94, 98, 99, 106 Jane Burton; 16, 18 o, 24 r, 30, 54 o, 77, 80 o, 90 Jane Burton/Bruce Coleman Collection; 17 o Animals Animals/Oxford Scientific Films; 20, 35 o, 42, 54 u, 67 John Daniels; 23 o, 28, 62, 64, 95, 96 o, 109 Jane Burton/Warren Photographic; 25, 32 Animals Unlimited; 34, 52 ul, 78, 79 Bradley Viner; 37 Daniel Valla/Oxford Scientific Films; 44 r Tina Cavalho/Oxford Scientific Films; 46 o, 48 o John Mason/Ardea; 49 l George I. Bernard/Oxford Scientific Films; 50 r Science Photo Library; 51 r, 101 o Richard Packwood/Oxford Scientific Films; 55 o Marc Henrie; 58, 103, 107, 110 Hans Reinhard/Bruce Coleman Collection; 59 o Judith Platt/RSPCA Photolibrary; 66 Kim Taylor/Bruce Coleman; 73 London Scientific Films/Oxford Scientific Films; 74 CNRI/Science Photo Library; 801 David Barron/Oxford Scientific Films; 82 Clem Haagner/Ardea; 89, 104 Angela Hampton/RSPCA Photolibrary; 92 o, 97, 100, 101 u, John Daniels/Ardea; 105 Konrad Wothe/Oxford Scientific Films; 108 Dorling Kindersley